"十三五"职业教育 | 全国学前教育专业
国家规划教材 | "十三五"规划教材

# 幼儿园
## 玩教具制作与环境创设
### 第2版 全彩微课版

◎ 王燕 主编

◎ 封蕊 宋婷婷 刘国磊 陈晓霞 副主编

人民邮电出版社
北京

**图书在版编目（CIP）数据**

幼儿园玩教具制作与环境创设：全彩微课版／王燕
主编. -- 2版. -- 北京：人民邮电出版社，2019.11（2024.2重印）
ISBN 978-7-115-52472-0

Ⅰ. ①幼… Ⅱ. ①王… Ⅲ. ①幼儿园－自制玩具－高
等学校－教材②幼儿园－自制教具－高等学校－教材③幼
儿园－环境设计－高等学校－教材 Ⅳ. ①G614②G617

中国版本图书馆CIP数据核字(2019)第258378号

## 内 容 提 要

本书介绍了幼儿园环境创设与玩教具制作的基本理论知识，阐述了自制玩教具对儿童发展的重要价值和幼儿园玩教具制作的基本要求。根据制作材料的不同，幼儿园玩教具可分为纸材料玩教具、泥材料玩教具、布材料玩教具、废旧材料玩教具、自然材料玩教具等。本书对这几类自制玩教具的特点与应用、基本制作方法、技法要领、实际运用等几个方面进行了详尽介绍，并选取典型案例进行了操作步骤的讲解，力图帮助读者掌握幼儿园玩教具制作与运用的基本方法和技能。本书于2019年进行改版，新版在突出基本制作方法的同时，增加了幼儿园环境与玩教具的整体设计理念、思路与过程方面的相关知识。

本书有助于读者系统、全面地了解幼儿园玩教具制作以及环境创设的理论与基本方法，既可以作为高等院校学前教育专业的教学用书，又可以作为各级、各类学前教育工作者教学与研究的参考用书。

◆ 主　　编　王　燕
　　副 主 编　封　蕊　宋婷婷　刘国磊　陈晓霞
　　责任编辑　古显义
　　责任印制　马振武

◆ 人民邮电出版社出版发行　　北京市丰台区成寿寺路 11 号
　　邮编　100164　　电子邮件　315@ptpress.com.cn
　　网址　http://www.ptpress.com.cn
　　临西县阅读时光印刷有限公司印刷

◆ 开本：700×1000　1/16
　　印张：11.75　　　　　　　　　2019 年 11 月第 2 版
　　字数：231 千字　　　　　　　2024 年 2 月河北第 13 次印刷

定价：49.00 元

读者服务热线：(010)81055256　印装质量热线：(010)81055316
反盗版热线：(010)81055315
广告经营许可证：京东市监广登字 20170147 号

# 前　言

　　游戏是人类社会中普遍存在的活动，好的玩具总能引发人的有益游戏并促进游戏的持久与深入。因更加具有教学针对性、便于激发儿童的朴素创造性、利于承载中华传统文化等特征，自制玩教具在幼儿园教育过程中独具意义、不可缺少。党的二十大报告指出，坚持以人民为中心发展教育，加快建设高质量教育体系，发展素质教育，促进教育公平。学前教育是高质量教育体系中最基础和起始的环节，是终身学习的开端。幼儿教师职业素养是保障与提升幼儿园教学质量的关键，教师对自制玩教具的认识直接影响幼儿生活与游戏中自制玩教具的角色。而帮助教师认识幼儿园自制玩教具、尊重与发挥自制玩教具在幼儿园教学中的价值、熟练掌握制作幼儿园玩教具的实践本领，正是本书的核心诉求。为贯彻党的二十大精神，适应学前教育发展的新形式，满足对教育素质培养的要求，我们编写了本书。编者希望通过此书的编写为（准）幼儿教师提供系统学习的依据，推动自制玩教具在幼儿园中的广泛与有效使用。

　　本书内容分为六个单元，涉及纸材料、泥材料、布材料、废旧材料、自然材料在幼儿园自制玩教具与环境创设中的应用。第一单元阐释了幼儿园玩教具制作的概念与分类、幼儿园玩教具制作的意义、幼儿园玩教具制作与环境创设的基本要求和设计原则；第二单元阐释了纸材料玩教具制作与环境创设，包括折纸玩教具制作与应用、海绵纸玩教具制作与应用、卡纸玩教具制作与应用、皱纹纸玩教具制作与应用、剪纸玩教具制作与应用；第三单元阐释了泥材料玩教具制作与环境创设，包括陶泥玩教具制作与应用、橡皮泥玩教具制作与应用、泥材料玩教具制作与环境创设技能实训；第四单元阐释了布材料玩教具制作与环境创设的

# 前 言

方法；第五单元阐释了废旧材料玩教具制作与环境创设的方法；第六单元阐释了自然材料玩教具制作与环境创设的方法。

本书充分考虑学前教育专业学生的兴趣和需要，总体上具有以下四个特色。

### 1. 全面反映新时代教学改革成果

本书以《教育部关于职业院校专业人才培养方案制订与实施工作的指导意见》(教职成〔2019〕13号)、教育部关于印发《职业院校教材管理办法》的通知(教材〔2019〕3号)为指导，以《幼儿园教师专业标准》为依据，以课程建设为依托，全面反映新时代教学改革成果，以培养专业情怀与职业能力为主线，将探究学习、教育机智、创新能力的培养贯穿教材始终，充分适应不断创新与发展的项目教学、任务驱动、案例教学、现场教学和顶岗实习等"理实一体化"教学组织与实施形式。

### 2. 注重内容的艺术性、实用性和可操作性

在内容选择上，本书结合幼儿园玩教具制作的现状，对幼儿园不同形式、不同类型自制玩教具的材料特性、制作思路与方法和运用方法分别做了具体介绍，以便学生直接将知识运用于幼儿教育实践；在内容的组织上，本书穿插介绍了大量玩教具制作、环境创设和幼儿活动设计的案例，以帮助学生直观理解所学知识。

### 3. 强调体例的逻辑性与新颖性

本书中的单元体例为标题、学习要点、正文。标题与学习要点帮助学生宏观认知章节的重点；在正文中穿插案例、拓展延伸和实训参考，使学生的学习更具有针对性，拓展相关常识。同时，为了使学

生能够更广泛地学习玩教具制作与环境创设的相关技巧，本书制作了配套的教学资源，选书老师可登录人邮教育社区（www.ryjiaoyu.com）下载。总体上看，本书体例新颖，具有逻辑性、拓展性，符合学生的认知特点，能满足广大师生的需求。

**4．突出学习与实践的对接性**

本书按照"以学生为中心、学习成果为导向、促进自主学习"思路进行教材开发设计，体现"教、学、做合一"的理念。首先，帮助学生从总体上认识自制玩教具对于幼儿成长的重要性，从而使其重视幼儿园玩教具的制作；其次，帮助学生掌握幼儿园不同类型玩教具的制作方法与技巧，从而使其能够独立进行幼儿园玩教具的设计与制作。从以上两点可以看出，本书内容与幼儿园的教育实践密切联系，学生学习本书的过程即是实践的过程，实践是学好本书的必要途径。

本书由河北对外经贸职业学院的王燕老师任主编，湖南长沙师范学院的封蕊、宋婷婷老师、河北对外经贸职业学院的刘国磊老师及秦皇岛市北戴河二幼园长陈晓霞任副主编，李紫阳、黄星老师也参与了编写工作。本书在编写过程中得到了各编者所在单位领导的大力支持，同时本书还引用了国内外幼教同行的一些研究成果，在此一并表示衷心的感谢。鉴于编者水平有限，书中难免存在疏漏，敬请广大同行多提宝贵意见，以便不断修订完善。

编　者

2023年4月

# 目 录

**3**

## 第三单元
## 泥材料玩教具制作与环境创设　/ 75

## 第四单元
## 布材料玩教具制作与环境创设　/ 96

**4**

第五单元
废旧材料玩教具制作与环境创设　/117

目
录

# 第六单元
## 自然材料玩教具制作与环境创设 / 145

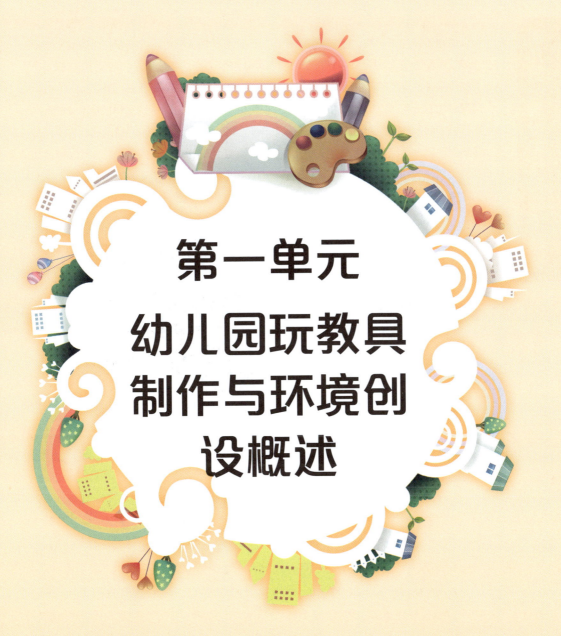

# 第一单元

# 幼儿园玩教具制作与环境创设概述

【本单元学习要点】

1. 理解幼儿园玩教具与环境的定义与分类。

2. 理解幼儿园玩教具制作与环境创设的意义。

3. 掌握幼儿园玩教具制作与环境创设的基本要求。

4. 掌握玩教具制作在集体教学、环境创设、区域活动中运用的不同特点和要求。

　　玩，是幼儿的主要生活内容，而玩具可说是幼儿认识、探索世界的重要通道。幼儿可以通过玩具进行扮演，体验角色；也可以自己寻找现成的可玩的器物，比如找来一根木棒玩骑马游戏（见图1-1）；有时他们还可以自己动手制作玩具。幼儿在制作、摆弄玩具的过程中不仅了解了生活，认识了社会，而且增强了求知欲和进行创造性活动的兴趣。随着时代的发展，幼儿接触的玩具越来越现代化（见图1-2），但这些科技含量高的玩具容易减少幼儿动手操作的机会，缩小幼儿探究的空间。幼儿园里教师自制的玩教具及操作材料可以密切结合教育内容及幼儿发展水平，使用的材料多来源于幼儿生活，符合幼儿的生活经验和认识水平。自制玩教具，不仅可以节约经费，丰富教学资源，还可提高幼儿操作探究的兴趣。因此，玩教具制作是幼儿教师应具备的基本技能。

图1-1　幼儿的骑马游戏

图1-2　琳琅满目的工业玩具

# 第一节　幼儿园玩教具制作概述

## 一、玩教具的定义与分类

　　所谓玩教具是指幼儿在游戏和学习活动中使用的玩具、教具，它是借助一定的物质材料（如纸、布、塑料、木材、金属等），依据一定的设计要求，通过工业化生产或手工制作而完成的，集游戏、娱乐、竞赛、教育功能于一身，促进幼儿身心健康发展的游戏娱乐工具。幼儿是在操作玩具中学习的，幼儿的玩与学本身无法分离。因此，玩教具将教学因素与意图渗透于幼儿的玩之中，是幼儿教育的重要途径。

　　根据制作主体的不同，幼儿园玩教具可分为自制玩教具和工业成品玩教具。自制玩教具又包括教师或家长制作的玩教具和幼儿在教师或家长指导下制作的玩教具。自制玩教具的相关知识是本书要介绍的核心内容。

根据功能的不同，幼儿园玩教具可分为认知益智类（发展语言、探索发现等）玩教具、角色游戏类玩教具、体育操作类玩教具等。

根据制作材料的不同，幼儿园玩教具可分为纸材料玩教具、泥材料玩教具、布材料玩教具、废旧材料玩教具、自然材料玩教具等，本书知识体系充分体现了此种分类方法。

## 二、幼儿园玩教具制作的意义

不论现代工业玩具发展得怎样精致、细巧和复杂，它们仍然不可能代替大量在民间流行的传统自制玩具，以及幼儿教师根据教学需要制作的玩教具。无论在教育教学活动中、在幼儿日常游戏中，还是在环境创设中，合理使用玩教具对幼儿的身心健康发展有着重要意义。

（1）教学活动中，玩教具可以让幼儿在宽松、愉快的氛围中主动学习，自由发挥想象和创造能力。

首先，教师有效使用玩教具，有利于促进幼儿主动学习，有利于增强幼儿对认知的理解和操作能力的训练，可以很好地满足幼儿的个性化需求，促进幼儿主动学习；其次，有效使用玩教具，会使枯燥变为有趣，使抽象变为具体，激发幼儿的学习兴趣，使幼儿学中玩、玩中学、轻松学习、快乐学习；再次，有效使用玩教具可以激发幼儿的情景感受，既可以陶冶幼儿情操，又可培养他们的感受力和表现力，如让幼儿戴上头饰，使其变成各种各样的小动物，使幼儿身临其境、兴趣盎然，增强和发展了幼儿自身的感受力和表现力；最后，有效使用玩教具，可以有效地培养幼儿的创新思维和能力，从而达到意想不到的教学效果，如用纸箱做成的山洞，在纸箱上面贴上动物图案，让幼儿练习走、爬等，不仅使幼儿在情景游戏中锻炼了走、爬、平衡的能力，而且使幼儿养成了勤俭节约的优良品质，增强了幼儿的环保意识。

自制玩教具的有效使用对于教学活动效果有重要影响，在教学活动中选用自制玩教具时，首先，应注意对玩教具的使用不宜过多，也不能过简，要根据自己的教学内容和环节合理安排，使用得当，在适当时机出示，充分发挥玩教具的辅助作用；其次，注意为中、小班幼儿提供的玩教具既要美观有趣，又要调动幼儿的多种感官，引导幼儿在体验和游戏中学习；为大班幼儿提供的玩教具要尽量满足幼儿动手操作的需求，促进幼儿间相互合作、相互交流、共同学习；再次，教师应发挥示范作用，鼓励、启发、引导幼儿创新使用玩教具。

（2）日常游戏中，自制玩教具体现出一般工业玩具所不具备的独特魅力。

首先，自制玩教具朴素、简单，幼儿可以充分发挥创造力，自行探索多种方式操作自制玩教具；其次，自制玩教具成本低廉，即便幼儿在游戏中不小心损坏了自制玩教具，也不至于有强烈的内疚感，教师可以帮助幼儿一起再次进行制作，这样，幼儿在游戏的过程中便更加尽兴；再次，自制玩教具可以增强幼儿利用生活材料，积极动手美化生活、改造生活的意识和主动性。图 1-3 和图 1-4 为两款自制的玩教具。

图1-3　天气预报仪表盘

图1-4　天平

（3）幼儿园环境创设中，自制玩教具也不可缺少。

《幼儿园教育指导纲要》中指出，"环境是重要的教育资源，应通过环境的创设与利用，有效促进幼儿的发展"。创设丰富的教育环境需要大量的玩教具，需要在室内室外不同的区域投放不同的玩具与材料，以满足不同兴趣与能力的幼儿发展的需要。然而，仅仅靠购买的玩教具是远远满足不了幼儿发展需要的。为幼儿创设良好的教育环境，需要自制适宜的玩教具，以满足不同幼儿的多种发展需要，促进幼儿健康全面地发展。通过自制玩教具不仅可以使环境的主题与教学需要相契合；同时，将幼儿的自制玩教具应用于环境中，可以增强幼儿的成就感，并可加强幼儿的班级归属感。

# 第二节　幼儿园环境创设概述

## 一、幼儿园环境的定义与分类

幼儿园环境有广义和狭义之分。广义的幼儿园环境是指幼儿园教育赖以进行的一切条件的总和。狭义的幼儿园环境是指在幼儿园中对幼儿身体发展产生影响的一切物质与精神要素的总和。

幼儿园环境包括两大方面，一是物质环境，物质环境是指在幼儿园中能使幼儿的学习与生活得以顺利进行的基础条件，一个良好的物质环境应能保证高效的教学，并为幼儿提供舒适的生活条件，所以物质环境对于幼儿的发展有直接的影响作用；二是心理环境，心理环境是指在日常生活中幼儿与同伴和教师建立起的氛围，如教师在教育时的态度和方法，教师与幼儿相处的方式是否和谐，幼儿之间能否和睦相处等。

# 二、幼儿园环境创设的意义 [1]

玩教具制作是幼儿园环境创设的重要内容，但幼儿园环境创设包含的内容要广泛很多，从总体上看，幼儿园环境创设主要追求在以下三个方面促进幼儿的发展。

## （一）促进幼儿认知水平的发展

幼儿心理行为特征与成人有极大的不同，并且存在诸多的个体差异性，如幼儿一般会以表情、手势、图画等行为来表达他们的心理与情绪；幼儿在认知活动中，基本上是靠自己的感觉来认识事物的，即通过眼睛、耳朵、鼻子、嘴唇、身体等感官对外界的事物进行初步分辨；他们通过玩游戏来接触和感受不同的材料，形成最初的认知体验。一个良好的幼儿园环境空间，可以促进幼儿认知水平的发展。通过不断变化的、富有趣味的环境，可使幼儿不断地、积极地与周围环境互动，主动探索，从而焕发出幼儿新的灵感。适宜的幼儿园环境可根据幼儿的需求而变化，满足幼儿不断变化的心理。

## （二）促进幼儿技能的发展

幼儿园为幼儿提供丰富的环境，目的就是为了让幼儿在环境中参与，与环境有机的结合，从而促进幼儿的多方面发展。在与环境的互动中，通过对周围事物的观察、探索以及参与趣味性实践，幼儿的好奇心和求知欲得以激发，幼儿的语言、技能、动作等得以发展；在操作和组合各种玩具中，幼儿还能发现事物之间的联系，开发大脑和提高动手实践能力；在幼儿园趣味性环境——不同的游戏区域中，幼儿可以掌握动手动脑、独立思考的实践能力和操作能力；幼儿园环境还有助于培养幼儿的创造和创新意识，以及发现美、感受美、创造美的能力与素养。

## （三）促进幼儿情感的发展

充满活力和极具色彩美感的环境可以使人放松，尽情地享受其中，这对幼儿来讲有助于其良好性格的形成，既可以陶冶其情操，还能有效地激发幼儿探索和求知的兴趣，使其愉快地学习与成长，对幼儿的行为特征也起到潜移默化的作用，有利于幼儿形成良好的思想道德与品德。另外，具有美感和教育价值的教育环境本身就是一种规范，可以映射出很强的约束力和导向性，使幼儿最终能够自觉地调节心理，提高行为审美能力，从而达到情感共鸣和理性认同，并帮助幼儿辨别真善美，使其身心发展与周围环境完美结合。同时，适宜的环境还可以培养幼儿热爱自然、保护环境的良好情操，有利于促进幼儿对良好公共秩序和社会基本道德的认知。

---

[1] 幼儿园环境创设存在的问题及对策探究——以兰州市A实验幼儿园方案为例，董文静，西北师范硕士学位论文，2017

# 第三节 幼儿园玩教具制作与环境创设的要求

## 一、幼儿园玩教具制作与环境创设的基本原则

幼儿园玩教具以幼儿操作为主，应符合幼儿的年龄阶段特点，幼儿爱玩、能玩的玩教具才是好的玩教具，因此，教师在制作玩教具过程中应遵循以下基本要求。

### （一）保证安全性与清洁性

幼儿年龄小，缺乏生活经验，因此，幼儿的玩教具应该绝对安全、无毒，不易破碎，无尖锐棱角，便于清洗消毒。一般可选择多种材料来制作玩教具，如布头、木头边角料、纸、塑料、竹子、稻草、麦秆、丝瓜筋、贝壳、瓜果、狗尾草、泥沙等。

### （二）注重教育性、科学性和艺术性的结合

自制玩教具的教育性应具有促进不同年龄幼儿身心的全面发展、启迪幼儿智力、有助于教学活动的功能。配合教学活动的玩教具除讲究形象逼真、色彩鲜艳外，也应符合科学原理，有助于幼儿认识事物，掌握正确的概念和知识；同时，还应突出重点，一物多用。自制玩教具的艺术性是指在有教育性和科学性的前提下，使玩教具的形象生动、色彩鲜明、幽默并略带夸张，这样才能激发幼儿对美的追求，让他们想玩、爱玩、百玩不厌。

### （三）体现趣味性与创新性

玩教具的"趣味性"要求教师以幼儿为中心，体味"童心""童趣"，力求以丰富多彩的造型、色彩、声响吸引幼儿，做到好看又好玩。同时，在玩教具制作过程中需要发挥教师的创造力，体现新颖构思，在玩教具外形、结构、使用方法和所用的材料等方面要"推陈出新"。

### （四）兼具可自制性与可玩性

利用废旧材料制作玩教具，应力求简单、操作方便，避免因细节烦琐造成制作上的困难。玩教具是给幼儿玩的，那种只能摆设、过于精致的玩教具一般应用价值不大，教

师常会因制作时花费的时间多、容易坏而舍不得给幼儿玩。这样，许多好看但不耐玩的玩教具就被锁在玩教具柜里，成了摆设，失去了玩教具的作用，制作这类玩教具就没有多大必要。应当大力提倡用废旧材料制成的、制作和使用都方便的玩教具。

总体上看，幼儿园环境创设中除了应该遵循玩教具制作的几个原则外，还应注意以下三个方面。

### 1. 经济性原则

幼儿园环境创设要坚持"低费用、高效益"的经济性原则，勤俭节约、因地制宜，充分利用周围资源，就地取材。在保证清洁卫生、安全的前提下，废物利用，一物多用，不浪费宝贵资源，不盲目攀比，不追求设备设施的高档化。例如，农村幼儿园可用自然材料高粱杆、竹片、麦秸杆等装饰环境。同时，幼儿园环境创设要根据各个幼儿园具体的场地情况来进行，不能盲目照搬照抄。

### 2. 幼儿参与性原则

幼儿园是教师和幼儿共同生活的地方，幼儿有权参与和自己生活密切相关的幼儿园环境创设。幼儿的参与体现在参与设计、参与收集和准备材料、参与布置、参与操作、参与管理等方面。例如，布置主题墙面"美丽的春天"时，可以让幼儿自己搓柳条、剪柳叶，把幼儿的绘画作品《小燕子》贴在天空，河里的小动物也可以采用幼儿的折纸作品等。因为自己参与了环境创设，他们对春天的色彩、自然界的变化、人们的活动情况就会有深刻的记忆，幼儿通过语言、作品与环境对话，也会更加珍惜自己的劳动成果。

### 3. 发展适宜性原则

幼儿园的环境是幼儿的生活环境和学习环境，因此必须反映幼儿身心的水平和特点，适宜幼儿的年龄特点和个体差异，使每个幼儿都有可能在其中获益，在原有水平上得到应有的发展。例如，教育目标为"提高幼儿动手能力"，小班教室环境就可布置一列火车，引导幼儿学习扣扣子，每节车厢学一种系扣子技能；中班可提供"穿线板"，幼儿可根据自己的意愿，大胆想象，穿出不同形象；大班可以设计环境引导幼儿学习"编辫子"等，不同年龄的幼儿在与环境互动中，操作不同难度的材料，提高了动手能力。

## 二、幼儿园玩教具制作与环境创设的具体要求

### （一）明确玩教具制作与环境创设的目的与意图

幼儿园自制玩教具，是一种教学或辅助教学的用品，它是教师根据教育需要和幼儿发展需求，对各种自然资源和材料进行收集、分类、加工、改造、组合，重新进行制作的产物。自制玩教具对幼儿的发展有着独特的价值，与工业玩具相比，它具有及时性、针对性、灵活性、感染性等独特的价值与特点。例如，教师可以根据班级活动空间的大

小而设定玩教具的大小，根据幼儿的需求量而决定制作的数量，并根据幼儿的情况对玩教具及时进行修正，使其达到最佳的使用效果。因此，教师在制作玩教具之前应明确玩教具制作的目的与意图，并考虑以下几个问题。一是玩教具制作主要是针对幼儿的哪种或哪些能力，幼儿在此方面的年龄特点和水平如何；二是玩教具的展现形式，主要用于环境创设还是幼儿活动，以认识和观赏为主，还是以操作与探究为主。

环境创设也要注意与教育目标相契合，为教育目标服务。主体环境如走廊、户外主墙体要考虑全面促进幼儿身心和谐发展，培养幼儿的美感，例如，楼梯墙壁上可以创设一组系统的安全教育图，由幼儿自己绘制安全标志——遇到火警拨"119"、过马路要走人行道等，让幼儿在每天上下楼梯时接受安全教育，增强安全意识，培养自我保护的能力；这一位置也可以是幼儿园与家长的互动板块，如家教之窗、幼儿的活动风采展示等。而每个活动室内的环境创设可以考虑与活动主题相呼应，并在相应的活动区——美工区、科技区、劳作区等区域体现，比如开展鸟的主题，环境布置可以紧紧围绕鸟类进行，例如，展示鸟的图片、模型、玩教具等。

### （二）多加思考、拓宽思路，充分发挥创造性

教师的创造性在环境创设中具有非常重要的作用。在玩教具设计与制作中，教师可根据目标与本班幼儿的特点大胆创新，只要符合幼儿特点、幼儿喜欢，并有助于达成教学目标即可。例如，幼儿们开展主题活动"飞向太空"，每人画一幅图，若随便贴则显得杂乱，若把幼儿作品摆成火箭形状，再添加其他东西，一定会彰显创造力，令人耳目一新。而教师的创新需要建立在对大量自制玩教具案例的参观、研究、临摹、制作的基础上。当教师对玩教具制作技巧较为熟练时，应对玩教具制作提出更高要求，充分发挥想象力，使制作的玩教具更加别具匠心。

### （三）玩教具与环境创设的选材重点考虑材料的安全性和功能性

教师在明确目标并有设计思路后，就开始选材了。选材时首先要考虑材料的安全性，自制玩教具在安全性方面的评价应当参照国家关于玩教具的安全、卫生标准，确保在材料的使用、操作方法等方面符合规定，不会对幼儿造成伤害。自制玩教具的选材常常是废旧物再利用，废旧物主要是教师和幼儿日常积攒而来的，如纸制品（纸盒、纸箱、旧报纸、一次性纸杯等）、塑料制品（汽水瓶、吸管、塑料纸杯、空药瓶等）、金属制品（铝的啤酒罐、铁皮罐头罐等）、木制品（一次性方便筷等）等。首先，运用任何废旧物都不能省略的环节是消毒处理，以保证幼儿的安全。其次，从选材和制作上要看材料是否结实、耐用、卫生，尖锐的东西、过小的珠子等在幼儿玩教具中都应小心处理或避免出现。再次，当幼儿首次接触某一玩教具时，教师要操作演示，确保幼儿安全有序地进行游戏，把可能发生伤害的危险降到最低限度。最后，在安全性得到保证的基础上，教师还要考

虑所选材料是否能够帮助教师最简洁、最有力地达到预期目标。

### （四）玩教具制作与环境创设过程中应充分发挥幼儿的主体作用

玩教具制作归根结底是为了促进幼儿的发展，但幼儿不仅是玩教具与环境的参观者与操作者，更是玩教具的制作者（见图1-5、图1-6）、环境的创造者。首先，教师可以请幼儿一起收集玩教具制作与环境创设的原材料；其次，某些玩教具制作与环境创设的简单环节可以请幼儿直接动手参与；再次，一些简单的玩教具，从头到尾都可引导幼儿一人完成，幼儿操作着自己制作的玩具，其满足感可想而知。可见，幼儿参与是教师有目的、有计划遵循幼儿年龄特点，组织幼儿参与设计、参与收集和准备材料、参与布置、参与操作、参与管理的过程。教师在环境创设中尽量不要把精力放在"我想怎么布置，我想怎样创设"上，而是将精力放在"我怎样启发、引导、支持幼儿参与？幼儿怎样参与？我能提供怎样的条件？"上。

图1-5　幼儿自制陀螺（1）　　　　　图1-6　幼儿自制陀螺（2）

（图片来自吴江市七都中心幼儿园网站）

### （五）注意玩教具与环境的重复利用

制作玩教具与环境创设有时会耗费教师的许多精力和时间，也需要许多材料，因此，如此宝贵的作品，其价值应得到充分发挥。首先，针对某一次教学活动设计玩教具，用完之后可以放置于活动区，供幼儿操作练习；其次，当幼儿对一种玩教具不再感兴趣时，教师可以在原有玩教具基础上添加一些因素，增大难度，使之成为幼儿手里的新玩具；最后，一些结实耐用的玩教具可以在大、中、小班幼儿中传递，年龄大些的幼儿传给年龄小的幼儿。

#### 实训参考

实训项目1：考察并分析当地幼儿园自制玩教具现状

（1）实训目的

①尝试运用所学知识和经验考察当地幼儿园自制玩教具情况。

②能较客观全面地评价自制玩教具现状，并提出相应建议。

（2）实训方式

7～8人一组，分组完成同一项目任务。

（3）项目任务与要求

①每组讨论合作分工，分别负责家庭自制玩教具、幼儿园玩教具制作。

②各组在充分研讨的基础上，写出"当地幼儿园自制玩教具现状"的调查报告一份。

③组内交流，谈一谈对于当地幼儿教育中自制玩教具方面存在问题的相关对策。

④每个人写一份主题为"幼儿教育中自制玩教具的价值、契机与挑战"小论文并提交。

（4）考评标准

考评内容由项目组考评与个人考评两项构成，详见下表。优秀、合格和不及格的具体分数和要求是通过师生讨论而得出的结果。

| （1）项目组考评 | | | |
| --- | --- | --- | --- |
| 考评项目 | 优秀 | 合格 | 不及格 |
| 团队合作 | | | |
| 各司其职 | | | |
| 调查报告 | | | |
| 小论文 | | | |
| （2）个人考评 | | | |
| 姓名 | 优秀 | 合格 | 不及格 |
| | | | |
| | | | |

实训项目2：收集5个自制玩教具进行介绍

（1）实训目的

①尝试运用所学知识和经验分析自制玩教具的优劣。

②能较规范地表述和评价幼儿园自制玩教具，为自己制作做好准备。

（2）实训方式

7～8人一组，分组完成同一项目任务。

（3）项目任务与要求

①每组讨论产生两名负责人、三名发言人、三名撰稿人。

②各组在充分研讨的基础上，写出相应的"自制玩教具"分析报告一份。

③每个人写一份自制玩教具改进与设计方案并提交。

（4）考评标准

考评内容由项目组考评与个人考评两项构成，详见下表。优秀、合格和不及格的具体分数和要求是通过师生讨论而得出的结果。

（1）项目组考评

| 考评项目 | 优秀 | 合格 | 不及格 |
|---|---|---|---|
| 团队合作 | | | |
| 各司其职 | | | |
| 分析报告 | | | |
| 改进方案 | | | |

（2）个人考评

| 姓名 | 优秀 | 合格 | 不及格 |
|---|---|---|---|
| | | | |
| | | | |

# 第二单元

# 纸材料玩教具
# 制作与环境
# 创设

【本单元学习要点】

1. 了解不同纸材料运用技法的特点以及在幼儿园中的应用。

2. 知道不同纸材料运用方式的技法要领。

3. 能够规范地运用不同纸材料进行制作。

4. 能运用纸材料进行主题式玩教具制作与环境创设。

纸诞生于中国，是我国古代科学技术的四大发明之一。纸发展至今，根据不同的目的可以分为印刷用纸、文化办公用纸、包装用纸、工业用纸、生活用纸等。根据纸的质地和柔韧度来看，又有卡纸、皱纹纸、牛皮纸、白板纸、宣纸、瓦楞纸、吹塑纸、铜版纸、砂纸、铝箔纸、玻璃纸等不同类别，这些纸在观感上可表现出不同的艺术效果。通过撕、剪、贴、染、折、编等方式对各种纸材进行加工制作，将为我们创造出一个缤纷绚丽的纸艺世界。因此，在幼儿园玩教具制作与环境创设工作中，纸材料是当之无愧的主角，本单元将介绍折纸、海绵纸、卡纸、皱纹纸、剪纸五类玩教具的制作与应用。

# 第一节　折纸玩教具制作与应用

## 一、折纸的特点与在幼儿园中的应用

折纸主要是利用纸的不同质地、性能，采用折、叠、卷、翻、插等手法，辅之以剪、接、嵌、拼、画等技巧，表现出各种物体的空间形象。最早期的折纸大都是用一张正方形纸张进行，不剪也不粘，如风车、纸鹤等（见图2-1）。但也有用长方形纸张折成的，如纸船、青蛙等（见图2-2）。此外，也有用数张纸折成的，如竹笋、宝塔就是如此（见图2-3）。

图2-1　风车　　　　　图2-2　青蛙　　　　　图2-3　竹笋

而在现代折纸当中，偶然也会出现一些需要把纸张剪开及黏合的情况。另外，在纸的形状方面，有些纸艺家有时会用三角形、五边形甚至八边形的纸张来创作。可以说，折纸的方式无论纸的形状如何，张数多少，剪黏与否，均有人采用，但最为正统、应用最为广泛的折法还是以一张正方形纸张折成一个独立的模型。这也是本节要介绍的重点。

### （一）折纸的特点

折纸是一种古老的传统艺术，具有材料来源广泛、折法简便易学、造型生动美观的特点。折纸充溢着一种天真烂漫、玲珑纤巧的童趣，适合幼儿的娱乐心理。

### 1. 材料来源广泛

折纸的取材十分广泛，既有专门化的折纸材料，也可以来源于日常生活用纸，如生活中常见的打印纸、广告纸、报纸等都是折纸的好材料。这些材料在日常生活中随处可见、唾手可得，幼儿和教师可以随时随地取材，借助一些简单的工具，如剪刀、胶棒等，在折折叠叠中展现想象力，发挥创作潜力。

### 2. 折法简单易学

折纸的方法多样，如对边折、对角折、向中心折、双三角折等，这些折法简单易学，即便小班幼儿也能很快学会。在学会这些基本折法的基础上，教师和幼儿可以掌握许多折纸的基本模型，而形形色色的折纸作品大多正是这些基本模型的变形体。折纸较容易入门，比较适合幼儿操作。

### 3. 形象生动、有趣

通过不同的折纸方法可以折叠出许多物象，这些物象生动、有趣，符合幼儿的审美特点。

## （二）折纸在幼儿园中的应用

由于折纸自身的艺术特点，这种手工形式在幼儿园中的应用十分广泛。教师可以专门组织幼儿开展折纸类美术游戏或课程活动；也可以为幼儿制作、提供手工折纸制成的玩教具；还可以将折纸应用于环境创设，以使环境更加丰富、有趣。

### 1. 组织幼儿折纸创作活动

我国著名儿童教育家陈鹤琴先生说过："小孩子应有折纸、剪纸的机会。"他认为折纸有两方面的好处，"一是可以养成独自消遣的好习惯，二是可以练习手筋。"也就是说，折纸可以使幼儿安静下来，专心致志地干一件事；还可以使他们练出一双灵巧的手，对手部肌肉群的训练还有利于大脑的开发。著名教育家霍姆林斯基也曾说过："儿童的智慧在他的手指尖上。"可见，将折纸纳入幼儿教育中去不仅是对中国传统文化的弘扬，对于促进幼儿的身心发展也具有重要意义。在折纸的过程中，通过手部肌肉群的运动，能促进幼儿肌肉和大脑相应部位的发育；折纸必须遵守从前至后的折叠步骤，这能培养幼儿认真观察的习惯和做事的顺序性、条理性；折纸是将点、角、线等反复重合，构成三角形、正方形、菱形等各种形状，这有效地促进了幼儿数理概念的形成和空间知觉的发展；幼儿在折叠新形象的过程中还可以加强对事物的认识，开阔视野，同时使创造力、想象力得到发展。总之，折纸对开发幼儿智力、激发想象力、从小培养他们的形象思维能力和动手能力有独到之处，是幼儿教育活动的重要手段之一。在幼儿园小、中、大班，教师都可以组织、引导幼儿进行折纸活动（如活动方案一），幼儿的折纸作品既可以应用到游戏中，也可以展览于室内，融入环境。

### 活动方案一

活动名称：大狗头

适用班级：小班

**活动目标**

（1）进一步掌握对角折的方法与要求，练习折纸活动的基本手法。

（2）培养对折纸活动的兴趣以及良好的劳作习惯。

**活动准备**

（1）大狗头折纸作品。

（2）彩色方形折纸若干。

（3）黑色水笔、胶棒。

**活动过程**

（1）出示大狗头作品，引发幼儿兴趣。

教师："你看这是什么？它长的什么样子？你想不想有这样一只大头狗呢？我们一起试着折一折。"

（2）请幼儿观察教师折开大狗头作品的过程，讨论大狗头的折叠方法。

教师："大狗头变成了一张方形纸，上面还有很多的折痕，请小朋友说一说这张方形纸怎样变成大狗头的？先折哪里？再折哪里？"

操作步骤

① 对角折。

② 对称折起两角。

③ 为小狗画眼睛和嘴巴。

技法要领

① 对角折时，教师再一次讲解具体手法，并强调要把角和角对齐，将折边来回平行下压使之平整。

② 折耳朵时，注意左右对称，距离和角度合适，幼儿可以变化折叠耳朵的位置，这样折出的大头狗长的会不一样。

③ 提醒幼儿画眼睛和鼻子的位置。

操作图示如下

① 对角折。　② 沿线折。　③ 翻转，画眼、鼻。

（3）幼儿操作，教师补充演示、巡回指导，并交流结果。

强调对角折的手法，指导幼儿规范地完成对角折；指导耳朵的折法，使得幼儿做到对称地折出两只耳朵。

（4）展示、交流作品，利用折纸狗头进行嬉戏活动。

**活动延伸**

请幼儿想一想将大头狗的折法或方向变一变，还能变成什么？（如将大头狗上下翻转就变成了一朵花）

**领域渗透**

可以将大狗头作品做成幼儿面具，组织幼儿戴上自制的狗头面具进行体育游戏。

### 2. 折纸玩教具制作

很多折纸作品是幼儿园重要的玩教具。例如，利用纸飞机、折纸滚轴等折纸作品，幼儿可以开展竞赛性游戏，看谁的飞机飞得远，看谁的滚轴滚得快等；幼儿利用"东西南北"等折纸作品，可以进行交互性游戏，玩具的四个角指到谁，谁就按玩具里面写的指令做动作；同时，一些折纸半成品也可充当幼儿进一步美术创作的材料，例如，教师提供大量三角插，引导幼儿可将三角插插成不同造型，一个有趣且富于创造性的游戏就这样产生了。需要注意的是，幼儿园折纸玩教具的制作主体既可以是教师，又可以是幼儿。

综上所述，幼儿园折纸玩教具可概括为以下四类。

（1）用于竞赛的折纸玩教具，如飞机、小猴爬树等（见图2-4、图2-5）。

图2-4　飞机　　　　　　　　　图2-5　小猴爬树

（2）具有较强交互性的折纸玩教具，如东西南北、电话等（见图2-6、图2-7）。

图2-6　东西南北　　　　　　　　图2-7　电话

（3）用于角色表演的折纸玩教具，如七星瓢虫、知了等（见图2-8、图2-9）。

图2-8　七星瓢虫

图2-9　知了

（4）引导幼儿进一步合作创作完成的玩教具，如三角插、小扇子拼图等（见图2-10、图2-11）。

图2-10　三角插

图2-11　小扇子拼图

### 3. 折纸环境创设

物质环境是幼儿获取知识经验的重要源泉，创设适宜的环境是幼儿园工作的重要内容。环境创设的手段非常多样，折纸以其独特的艺术魅力，也成为幼儿园环境创设的重要手段。折纸环境创设的主体同样不仅限于幼儿教师，幼儿也是环境创设的重要参与者，他们是环境的主人。折纸环境创设可根据以下五种思路进行。

（1）用折纸方法制作幼儿娃娃家的道具，如钢琴、小床等（见图2-12、图2-13）。

图2-12　钢琴

图2-13　小床

（2）用折纸方法制作幼儿园生活用具，如扇子、杯子垫、笔筒等（见图2-14、图2-15）。

图2-14　扇子

图2-15　笔筒

（3）制作装饰环境的折纸主题画或主题场景，如海底世界、小象、森林王国、麦子熟了等主题墙面环境创设（见图2-16、图2-17）。

图2-16　海底世界

图2-17　小象

（4）结合其他物品制作折纸装饰，如折纸挂盘等。

（5）制作折纸挂饰，装饰环境，如花球、千纸鹤等（见图2-18、图2-19）。

图2-18　花球

图2-19　千纸鹤

## 二、折纸的基本方法与折纸符号

### （一）折纸的工具与材料

折纸的材料主要是手工折纸、打印纸、废弃报纸、广告纸等日常生活中常见的有一定厚度的纸张。在折纸中有时需要运用剪刀、水彩笔等工具，有时还会辅助运用双面胶等粘贴材料。

#### 1. 手工折纸

手工折纸如图2-20所示。

### 2. 打印纸

白色和彩色打印纸在折纸活动中也较常用，若用白色打印纸折叠，涂上颜色，折叠的作品很逼真，很有特色，如图2-21所示。彩色打印纸可以代替手工折纸来用。

### 3. 生活中的废弃报纸、广告纸等

生活中的其他纸张如图2-22所示。

图2-20　手工折纸

图2-21　打印纸

图2-22　生活中的其他纸张

## （二）折纸的基本方法与符号

### 1. 折纸的基本方法

折纸的
基本方法

折纸的基本方法很多，主要有对边折、对角折、集中折、向中心折、双正方折、双三角折、反复折等。

（1）对边折：用正方形或长方形纸，将两边相对折叠。

（2）对角折：用正方形的纸，把对角相对折叠。

（3）集中折：集中折又可分为集中一角折、集中一边折、对边集中折三种方法。

① 集中一角折——在正方形纸的对角线上，将相邻的两边相对着向同一条对角线折叠。

② 集中一边折——在正方形或长方形的中线上，将相邻的两条半边相对着向同一条中线折叠。

③ 对边集中折——将相对的两边向中间的中线相对折叠。

（4）向中心折：用正方形的纸，先折出对边或对角的折痕找出中心点，再将四角分别向中心点折。

（5）双正方折：用正方形纸，先对边折，再根据中线一边向前、一边向后折，从中间撑开、压平。

（6）双三角折：用正方形纸先对角折，成为三角形，再根据中心，一边向前、一边向后折，也是从中间撑开、压平。如果是两个大小相同的正方形合成的长方形纸，则能折出青蛙、花篮等多种物体形象。

（7）反复折：将方形纸向里向外、均匀反复地折叠。如折扇子、手风琴都用这种反

幼儿园玩教具制作与环境创设（第2版 全彩微课版）

复折的方法。

### 2. 折纸的符号

主要折纸符号如图2-23所示。

（1）谷线：向上折。

（2）外形线：表示纸的轮廓与形状。

（3）锋线：向上折。

（4）曲折：沿折线（锋线或谷线）折叠两次或两次以上。

（5）剪掉：沿轮廓线将斜线部分剪掉。

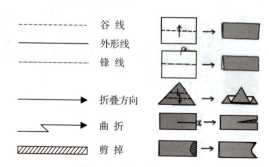

图2-23　折纸符号及图解

## （三）折纸基本造型

折纸作品都是在一定的基本造型的基础上，进行变化后构成不同的作品。折纸操作步骤较容易忘记，因此，无论对于幼儿还是教师来说，掌握折纸规律、学会在折纸基本造型基础上进行折叠都具有重要意义。如在学习制作鱼、啄木鸟、山鸡等作品时，我们先学习基本造型——单菱形，掌握了基本造型折法技能后，尝试左右对折、前后变化三角、用剪刀试一试等，即可折出一系列的作品。

折纸的基本造型主要有以下七种。

### 1. 风筝基本造型

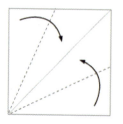

① 对角折压出折痕，打开。

② 相邻两直角边向对角线集中折。

## 2. 坐垫基本造型

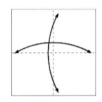  

① 对边折两次，打开。　② 四角向中心折。　③ 成型。

## 3. 窗户基本造型

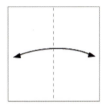 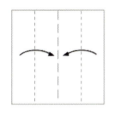 

① 对边折，打开。　② 相对两边向中线集中折。　③ 成型。

## 4. 鱼基本造型

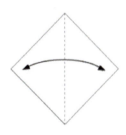 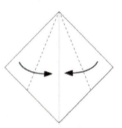 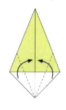

① 对角折，打开。　② 相邻两直角边向对角线集中折。　③ 另两条直角边也集中折。

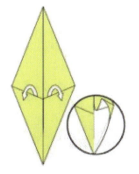  

④ 打开，内含小角撑开。　⑤ 成型。

## 5. 风车基本造型（双三角形）

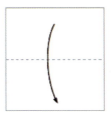
① 对边折。

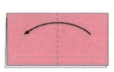
② 再次对折。

③ 将上面正方形撑开。

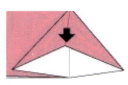
④ 向下压实。

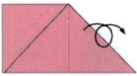
⑤ 翻面。

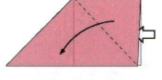
⑥ 将剩余一正方形撑开。

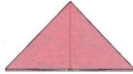
⑦ 成型。

## 6. 正方形基本造型（双正方形）

① 对角折后，进行对折。

② 将大三角形的一半撑开。

③ 向下压实。

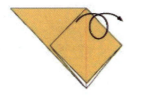
④ 翻面。

⑤ 另一侧同样撑开。

⑥ 成型。

## 7. 千纸鹤基本造型

① 对角折后，进行对折。

② 将大三角形的一半撑开。

③ 向下压实。

④ 翻面。

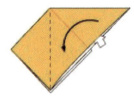

⑤ 另一侧同样撑开。

⑥ 按照图示折出折痕，打开。

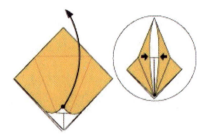

⑦ 将一片正方形按折痕撑开，压平。

⑧ 成型。

# 三、折纸技法要领与范例

## （一）折纸技法要领

折纸过程中应注意以下五个方面的问题。

（1）需要对折时，边与边、角与角要尽量对齐，每折好一步就要用手压一压，压实折痕，再继续下一步操作。

（2）运用反复折、翻折等折法时，折痕位置需把握好，注意折痕间的距离与角度。例如，折叠小扇子折痕之间的宽度可确定为幼儿的两个手指宽。

（3）按图示折纸时，需严格按照图示符号，明确含义，再进行折叠。

（4）折叠某一物象时，应先确定所属基本造型，在折出基本造型的基础上操作。

（5）折纸时，每折一步尽量能用语言进行描述，甚至用幼儿化的语言描述。

## （二）范例

### 1. 鱼的折法

① 对边折。

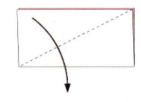

② 将长方形对角折。

③ 另一面长方形沿对角线向后折。

第二单元

纸材料玩教具制作与环境创设

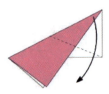

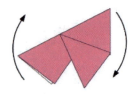

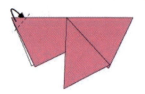

④ 按照折痕，将上面纸张向斜下方折叠。　⑤ 旋转，使最长边水平。　⑥ 按照折痕向内翻折。

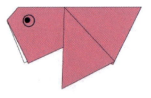

⑦ 画上眼睛，小鱼完成了。

## 2. 知了的折法

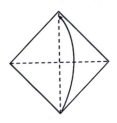

① 对角折一次打开，再对角折。　② 下角对齐上角折。　③ 两角按折痕斜折。

④ 上面的一片大角，按如图方法向下折。　⑤ 把另一张纸按折痕下折。　⑥ 压实。

⑦ 如图，按照折痕两角集中折。　⑧ 完成后的背部。　⑨ 完成后的腹部。

## 四、作品展示与临摹

部分临摹折纸作品如图 2-24 所示。

| ① 猪 | ② 鹿 | ③ 花 |
| ④ 熊猫 | ⑤ 老鼠 | ⑥ 蜻蜓 |
| ⑦ 狐狸 | ⑧ 纸鹤 | ⑨ 手套 |

图2-24　部分折纸作品

## 五、折纸玩教具制作与环境创设技能实训

### （一）为幼儿制作动物折纸头饰或者臂饰，请幼儿分角色表演《森林里的故事》

提示

（1）根据幼儿年龄确定头饰或者臂饰的尺寸。

（2）根据故事情节，确定所需角色，如大树、小草、小猴子等，选取适宜颜色的纸张进行折叠，如图 2-25 所示。

图2-25　部分动物的头饰

（3）对折纸作品进行必要装饰。

（4）在每幅折纸作品后面衬上卡纸，并在卡纸上穿孔，系上长度适宜并有弹力的套绳。

（5）按角色分发头饰。

## （二）制作折纸小元件，请幼儿用折纸元件合作拼插，创作不同造型

提示

（1）选择简便易折并且不易损坏的元件进行折叠，如小扇子、小灯笼、小三角等（见图2-26）。

图2-26　不同的拼接作品

（2）元件准备工作可以由教师独自完成，也可由幼儿合作完成。

（3）教授幼儿必要的拼插技能和注意事项。

（4）将幼儿分为3～5人的小组，小组协商创作，教师指导。

## （三）利用折纸进行主题墙装饰

提示

（1）确定墙面装饰的用途、风格、主题，可以单纯用于装饰，也可以用于展示幼儿作品，还可以作为"心情栏"等功能性墙饰。

（2）装饰墙面时可以考虑辅助运用其他手工操作材料与手段。

（3）墙饰保存时间较长，因此，在考虑美观的同时需尽量牢固。

案例一：《伙伴的心情》（见图 2-27）

图2-27　《伙伴的心情》

案例二：《小蝌蚪找妈妈》（见图 2-28）

图2-28　《小蝌蚪找妈妈》

## （四）其他实训建议

（1）折纸制作五种以上娃娃家玩具，如桌、椅、床、琴等。

（2）折叠竞赛性或交互性幼儿折纸玩具，如积木、风车等。

（3）为幼儿活动室折叠墙挂饰品。

双色圆柱体
积木

# 六、拓展延伸：折纸的经典教案赏析

### 活动方案二

活动名称：东西南北

适用班级：中班

**活动目标**

（1）进一步熟悉操作图卡中的折叠符号，学会按照简单步骤图完成折纸。

（2）学习"四角向中心折"的具体操作步骤与基本要求，并能够在"四角向中心折"的基础上进一步折出"东西南北"。

（3）在游戏中增强对折纸活动的兴趣，培养认真作业的态度和良好的手工劳作习惯。

**活动准备**

（1）实物作品、每人一张方形折叠纸。

（2）每人一张操作图卡（或出示一张大幅折叠步骤图）。

（3）对东、南、西、北等简单方向有初步认知。

**活动过程**

（1）导入活动：同幼儿一起做转方向游戏，出示作品，引发幼儿的兴趣。

教师："有很多的转方向游戏，还可以利用一个小工具来做游戏。这里有一个折纸小玩具，我们一起来玩一玩。"

教师拿着标示有"东、南、西、北"的作品，问："你想去哪里？要几下？"幼儿说："我去××，要×下。"教师一边数着1、2、3……一边抬起、放下带有相应方向的手指，停下后看面向幼儿指出的方向并说出来。

（2）教师演示"四角向中心折"的方法，幼儿观察并讨论。

教师："东西南北"是一种简单的折纸玩具，折出它要用到一种新的方法——"四角向中心折"。怎样找到纸的中心？"四角向中心折"中有两次什么折法？为什么要进行两次对角折？"四角向中心折"时，如何保证齐整？

操作步骤

① 将正方形纸的四个角向中心折、压平。

② 将纸反放后再将四个角向中心折、压平。

③ 在背面的四个方块上分别写上"东、南、西、北"四个字，也可涂上不同的颜色或者画上自己喜欢的图案。

④ 将纸反过来后伸出拇指、食指将纸撑开。

（3）按图示进行折纸尝试。

操作图示如下

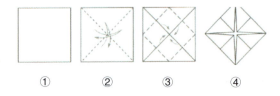

① ② ③ ④

技法要领

①"四角向中心折"首先要找到纸的中心，可以进行两次交叉的对角折，打开后，折痕的交点便是纸的中心。

② 找到中心后，左手按住纸，右手食指和拇指捏住纸的一角，将角的顶点和纸的中心点与折痕重合，左手将折的一角按在纸的中心，右手将折痕上下压平、压实。重复四次，将四角都折向中心。

**活动建议**

"四角向中心折"是本次活动的重点，应重视幼儿对于手法与基本要求的掌握。

**活动延伸**

请幼儿装饰自己的作品——涂色或者标记，然后玩一玩。教师引导幼儿将"东西南北"变一变，看看还能变成什么（见图2-29）。

**领域渗透**

可以借助幼儿的作品进一步巩固幼儿对方向的认知。

图2-29　折纸作品

# 第二节　海绵纸玩教具制作与应用

## 一、海绵纸的特点与在幼儿园中的应用

海绵纸（见图2-30）全名叫海绵发泡纸，采用优质材料加工制作而成，韧性强，涂布层均匀，品质稳定，工艺先进，裁切精确，端面平整，无接口，松紧度一致。海绵纸具有隔音、隔热、防碱、防潮、防水等功能，而且美观实用，因此用途较广。首先，海绵纸是当今应用比较广泛的一类包装材料，广泛应用于高档产品的外部包装，同时也可以根据要求加工成包装袋；其次，海绵纸也是常用的手工操作材料，幼儿园、中小学手工操作中都会有这一材料出现。

图2-30　海绵纸

### （一）海绵纸的特点

#### 1. 海绵纸的安全性较高

海绵纸主要由 EVA 材料制成，安全无毒，质地柔软，适于幼儿接触。

#### 2. 海绵纸易于操作

首先，海绵纸质地柔软，有一定柔韧性，可剪、可折、可粘贴，容易弯曲折叠而不断裂，在运用海绵纸时可将其任意弯曲折叠进行塑形，不必过于担心纸的撕裂等问题。其次，海绵纸较为柔软，用剪刀或者刻刀进行剪刻时，只需较小力度即能完成。

#### 3. 利用海绵纸进行创作可以体现独特的艺术效果

首先，海绵纸色泽十分鲜艳，可以创作出色彩缤纷、对比强烈的艺术作品。其次，海绵纸有一定厚度，剪贴后能够显现出一定的立体效果，作品立体感较强。同时，海绵纸的厚度可以进一步衬托出剪刻线条的圆滑、流畅，使整体造型更为可爱。

从以上特点可以看出，海绵纸符合幼儿的审美特点并适合幼儿以其为原材料进行艺术创作。因此，海绵纸在幼儿园的运用十分广泛，利用海绵纸创作的手段也十分多样。它既可以作为幼儿园装饰墙面、自制贺卡的辅助材料，也可以制作成立体仿真花、剪贴制作拼贴画，还可以用它制作立体挂件。

### （二）海绵纸在幼儿园中的应用

海绵纸在幼儿园中的应用较为广泛，海绵纸可直接成为幼儿手中的玩具，也可经教师进一步加工成为更为精细、有趣的玩教具，同时，在环境创设中，海绵纸也被较多应用。

第一，幼儿可直接将海绵纸剪切、折叠、粘贴，塑造不同的形象。海绵纸是幼儿手工活动中常见的材料。例如，在美术活动中，教师可提前将海绵纸剪成三角形、正方形、圆形等常见图形（见图2-31）。请幼儿按照自己的想象进行创造性粘贴；教师也可以为幼儿提供稿样（见图2-32）与特殊的图形元素（类似幼儿常玩的拼图），请幼儿直接选取图形置于合适位置，形成图案。

图2-31　海绵纸拼贴材料

图2-32　稿样

在幼儿海绵纸手工活动中，教师应注意以下五个方面。

（1）引导幼儿运用海绵纸时要耐心和细心。

（2）在实际操作过程中，帮助幼儿养成节省用料、注意卫生等习惯。

（3）在操作过程中，提醒幼儿正确使用剪刀、圆规等工具，注意个人及他人的安全。

（4）引导幼儿勤洗手或帮幼儿在操作台上放一块湿布以随时消除手上的静电。

（5）提醒幼儿注意与海绵纸的距离不能太近，以免将小块海绵纸吸进鼻腔。

第二，海绵纸也是幼儿园玩教具制作的重要材料。根据海绵纸柔软、易塑形、颜色鲜艳的特点，教师可以利用这张纸制作幼儿园娃娃家的水果、蔬菜、其他食品等游戏道具；也可以为幼儿的角色扮演制作美观、逼真的各种头饰或者面具，如小猫、小鹿、哆啦A梦等。

第三，幼儿园环境创设中，海绵纸同样是常见的主角。用海绵纸制作的相框、开关贴、粘贴画、立体花束，在美化幼儿园环境中都十分常见。

## 二、海绵纸操作技法要领

### （一）海绵纸操作常用工具和材料

海绵纸操作的常用工具有直边剪刀或花边剪刀、刻刀、压花器、直尺、圆规、彩笔、玻璃板或垫板（见图2-33、图2-34）等。同时，多数情况下，海绵纸操作需要粘贴，固体胶棒和双面胶都可作为粘贴海绵纸的材料。在一些海绵纸作品中，有时也会少量穿插使用其他种类的纸材料。

图2-33　花边剪刀

图2-34　压花器

### （二）海绵纸操作技法要领

由于海绵纸的自身特点以及幼儿的审美特点，幼儿园运用海绵纸时，应掌握以下几个技法要领。

（1）需要在海绵纸正面画出线条时，可借助圆规等工具划出划痕，以免难以掩盖或消除的线条影响作品的整洁与美观。

（2）使用海绵纸时，应注意剪刻线条的流畅与整齐，剪出的直线尽量无间断痕迹，剪出的曲线也应尽量流畅。

（3）如用压花器压花时，要在海绵纸的反面垫上一张复印纸，以保证压出来的图案更加完整。

（4）应注意保证作品各部分的色彩搭配得当。

注：在不同种类海绵纸作品的制作中，还分别有其他不同的技法要领，将在以下分别介绍，此处不赘述。

# 三、头饰的制作

## （一）头饰制作范例

海绵纸头饰

① 选择合适颜色的海绵纸，用铅笔或圆规头轻描剪刻纹样并剪下（若描画纹样较乱难以清除，可将剪下的图形反过来用）。

② 根据"头"的大小，剪出五官并装饰。

③ 在五官、头部等图形下衬以黑色卡纸底板并露出黑色边缘，能增强美观感与实用性。

④ 组合粘贴，并在后面贴上套圈。

## （二）作品展示与临摹

临摹部分作品如图 2-35 所示。

① 乌龟

② 牛

③ 燕子

④ 米老鼠

图2-35　部分临摹作品

# 四、相框与开关贴的制作

## （一）制作思路

　　制作开关贴可以用单独图案剪贴成开关贴，也可以用组合重叠图案剪贴成开关贴，还可以用镂空图案剪贴成开关贴。单独图案指的是一个苹果、一棵蔬菜、一棵大树等比较简单而独立的图案，如图 2-36 所示的小鱼相框。该图是直接剪出前后两层大小相等的两个"鱼"的轮廓而粘贴成的，简单的图形多采用此种方法。组合重叠图案指的是由两种或两种以上不同图案，按照大小、远近、左右重叠搭配粘贴成的，如图 2-37 所示的小狗开关贴，开关贴多采用组合重叠图案的剪贴方法。镂空图案多用于图案的局部，如动物的眼睛等，先画出动物眼睛的轮廓内圈，然后用刻刀沿内圈镂空，再在镂空处贴上相应的图形。

图2-36　小鱼相框

图2-37　小狗开关贴

## （二）作品展示与临摹[1]

部分临摹作品如图 2-38 所示。

① 螃蟹相框

② 小花方形相框

海绵纸
开关贴

③ 小狗开关贴

④ 向日葵开关贴

图2-38　部分临摹作品

## 五、粘贴画的制作

　　粘贴画根据粘贴元素的不同可以分为一般粘贴画和碎片粘贴画两种。所谓一般粘贴画是指用海绵纸直接剪出图案的部分形状进行拼贴，剪刻基本图形目的性强；碎片粘贴画是指将海绵纸事先剪成三角形、正方形等任意形状的小碎片，而后用小碎片进行创造性拼贴造型。

### （一）粘贴画的制作方法

#### 1. 一般粘贴画的制作方法

（1）起稿：根据画面需要，在较薄的纸上画成黑白稿。

---

① 作品图片来自百度网。

（2）复制、剪刻、海绵纸粘贴：先把画稿复制到底版（合适颜色的卡纸）上，再把底版上的形象用圆规、笔尖等工具按不同的颜色需要分块复制到海绵纸上，剪下粘贴在底版上。

### 2. 碎片粘贴画的制作方法

（1）起稿：根据画面需要在较薄的纸上画成黑白稿。

（2）复制：把画稿复制到底版（合适颜色的卡纸）上。

（3）剪刻：剪出不同颜色、不同形状的碎片。

（4）粘贴：按不同的颜色需要挑选碎片，排列、粘贴在底版上。

## （二）作品展示与临摹

### 1. 一般粘贴画作品（见图2-39）

①小马过河　　②向日葵

③摩天轮　　④少女

图2-39　一般粘贴画临摹作品

### 2. 碎片粘贴画作品（见图2-40）

①花　　②飞机

图2-40　碎片粘贴画临摹作品

幼儿园玩教具制作与环境创设（第2版 全彩微课版）

## 六、海绵纸玩教具制作与环境创设技能实训

### （一）用海绵纸制作幼儿娃娃家中的食物

提示

（1）海绵纸质地柔软，可经常用于制作幼儿玩具，更是制作娃娃家"食物"的好材料，用海绵纸可以做包子、饺子、羊肉串等多种食物（见图2-41、图2-42）。

（2）海绵纸"食物"的制作方法简单，也可由幼儿合作完成，但幼儿参与时要尽量避免用针线、牙签等器物。

用海绵纸制作"包子"

用海绵纸制作"水饺"

图2-41　包子　　　　　　图2-42　饺子

### （二）用海绵纸制作立体装饰物——花束

提示

（1）海绵纸质地柔软、颜色鲜艳，制作花束十分容易，而且能达到较好效果，最常见的方法是用海绵纸制作玫瑰花。

（2）制作玫瑰花束需要其他辅助材料，如花束包装纸、丝带、花枝等。

（3）通过颜色变化和排列，可以将花束制作成圆形、心形或圆环等造型（见图2-43、图2-44）。

图2-43　圆形花束　　　　图2-44　心形花束

## 七、拓展延伸：海绵纸经典教案赏析

### 活动方案三

活动名称：拖鞋大聚会

**活动目标**

（1）培养幼儿动手能力。

（2）激发幼儿创作欲望。

**活动准备**

（1）美工区：以各色海绵纸、挂历纸、硬纸板、画纸等设计拖鞋。

（2）角色区：拖鞋大卖场，售货员胸饰，空白大纸（供幼儿设计海报）。

（3）益智区：给拖鞋分类并统计拖鞋的数量。

**活动过程**

（1）谈话：多姿多彩的拖鞋

① "夏天来了，小朋友们感觉热吗？那我们要穿上什么样的鞋子才会凉快一点呢？"

② "你看过什么样的拖鞋呢？"

③ "老师也带来了一些拖鞋图片，大家一起来欣赏一下吧！"

④ "你看到了什么样的拖鞋？你最喜欢哪一双拖鞋？"

引导幼儿从拖鞋的颜色、款式、图案来描述。

⑤ 简单区别男式拖鞋和女式拖鞋。

（2）区域引入

① 引出区角："你们想来制作一双这么漂亮的拖鞋吗？"

② 介绍区角：可以按具体分工设置不同的区域。

（3）幼儿自主选择区角，教师巡回指导

重点指导在美工区的幼儿首先要想好用什么材料制作，然后用模板画好拖鞋；接着用蜡光纸、海绵纸等装饰，也可以画出图案；最后还要给拖鞋装上鞋面或鞋带。

（4）结束活动

① 用照片展示幼儿活动情况，并请幼儿介绍自己的活动，教师总结评价活动中所出现的一些现象。

② 表扬在活动中充分发挥创造力、行为有序、有礼貌的幼儿。

③ 收拾材料。

图片资料如图2-45所示。

图2-45　各种海绵纸拖鞋

# 第三节　卡纸玩教具制作与应用

## 一、卡纸的特点与在幼儿园中的应用

### （一）卡纸的特点

　　卡纸是介于纸和纸板之间的一类厚纸的总称，是幼儿园常用的纸材之一，因其质地坚硬、表面光滑、色彩明艳、制作效果精细而广泛用于幼儿园玩教具制作与环境创设中（见图2-46）。

图2-46　卡纸样品

### 1. 卡纸易于塑形

　　由于卡纸较为硬挺，折痕、划痕以及卷曲的痕迹十分明显，并且不易消失，因此，用卡纸进行塑形相对容易。根据卡纸的这一特点，人们发明了纸浮雕、纸条卷画等多种卡纸塑形技法，如图2-47、图2-48所示。

图2-47　纸浮雕　　　　　图2-48　纸条卷画

## 2. 卡纸的操作手法十分多样

卡纸颜色鲜艳、制作效果精细美观，受到许多手工制作者的青睐，各种操作手法不断出现，编织、镂空、插接等都是常见的卡纸操作手法。除纸浮雕、纸条卷画外，还有卡纸纸编、卡纸立体模型制作等许多作品形式，如图2-49、图2-50所示。

图2-49　卡纸纸编

图2-50　卡纸立体模型

## 3. 卡纸对操作者的手部力量和精细度有较高要求

卡纸有一定厚度，硬度较大，这是卡纸在手工制作中的优势，但同时也给幼儿操作提出了挑战。使用卡纸进行创作，对于幼儿的手部力量和动作精细程度都要求较高，因此，以卡纸为主体进行手工制作，一般适于中班后期或者大班的幼儿。

## （二）卡纸在幼儿园中的应用

卡纸在幼儿园中十分常用，制作中，教师或幼儿既可直接选取所需颜色，也可选取白色卡纸，以便于后期涂色。卡纸在幼儿园的常用方式包括以下三类。

第一，卡纸是幼儿手中的好玩具。在教师的引导与帮助下，幼儿可以用卡纸充当粘贴纸画的底板，也可用卡纸制作出简单的粘贴画、浮雕作品以及立体模型，还可用剪成条状的卡纸进行编织。可见，利用丰富的卡纸材料能组织丰富多彩的幼儿手工制作活动。

第二，卡纸在教师制作玩教具中很常用。卡纸坚硬厚实，用卡纸制作的玩教具相对结实耐用。在玩教具制作中，教师可用卡纸作为面具的底板或者整个面具都可用卡纸制作；教师也可用卡纸做出汽车模型；教师还可以用卡纸折成一个坚硬的小电话。总之，卡纸是幼儿园玩教具制作中十分重要的材料，教师可以多种手法运用，只要是幼儿喜欢、能玩、爱玩即可。

第三，卡纸是装点幼儿园环境的好材料。卡纸颜色鲜艳、表面光滑，用卡纸做成纸浮雕来装饰墙面，使墙面既美观，又不会紧紧贴在墙上使人感觉死板；用卡纸做成花球（见图2-50）挂在天花板上，使环境生动而又富有层次感。卡纸在环境创设中的应用十分多样，制作者充分发挥创造力、大胆尝试，卡纸便会展现独特而美观的艺术效果。

## 二、卡纸操作技法要领

### （一）卡纸操作的常用工具和材料

卡纸操作的常用工具和材料与海绵纸常用工具和材料大致相同，在此不再赘述。

### （二）卡纸操作技法要领

根据卡纸的颜色、质地特点以及幼儿的身心发展水平，幼儿园运用卡纸时，应注意以下五个方面。

（1）操作卡纸时，注意防止被卡纸角或边缘扎手或划破手，尤其幼儿在操作卡纸时，更应注意。

（2）卡纸较厚较硬，教师如果需要将卡纸重叠后再剪裁，重叠层数不宜超过4层，不提倡幼儿将卡纸折叠后剪裁，教师应引导幼儿尽量剪裁单张卡纸。

（3）使用卡纸时，应注意剪裁线条的流畅与整齐，剪出的直线尽量无间断痕迹，剪出的曲线也应尽量流畅。

（4）运用卡纸剪裁复杂图形时，需要先勾出轮廓而后进行剪裁，画有线条的一面应置于背面，即作为粘贴面，以免由于线条而影响作品的整洁与美观。

（5）应注意保证作品各部分的色彩搭配得当。

## 三、纸浮雕的制作

纸浮雕是一种新型的精细纸艺，即将纸张裁制成适宜的图形，而后利用转、折、凸、凹、弯、剪、割、揉等方法表现立体效果与层次感，再组合成自己所设计的理想图案。纸浮雕创作要求较高的精确性，创作者需有认真作业的态度；同时，纸浮雕创作的严格程序对于创作者的秩序感也提出更高要求。

### （一）纸浮雕的制作要求

纸浮雕的制作工具与材料，主要是卡纸、剪刀、粘贴材料、上色材料和铅笔。制作纸浮雕主要包括画面设计、剪裁形状、粘贴成型三个步骤。

纸浮雕的制作应遵循以下要求。

（1）纸浮雕应有一定主体，在设计作品的内容时要突出主题。

（2）纸浮雕的造型应简练、美观、大方。

（3）结构关系要合理清晰、形象完整。

（4）主体与底座的搭配要美观协调，具有稳固性和平衡感。

（5）手法表现要多样手法综合运用，形成立体感。

（6）色彩鲜明，搭配要合理并且对比强烈。

## （二）纸浮雕制作范例——《鹅》

（1）构思图形，剪出需要的图形元素，可以在卡纸上画出，也可直接剪裁，轮廓线要保持圆滑。

**纸浮雕
《鹅》**

（2）脖子使用外凸制作手法；翅膀的上面三层，剪出再制作出下凹的效果；其他部分剪好后无须加工，可用厚胶棉粘贴来表现立体效果。

（3）注意鹅的各个部位的形状与大小的配合，展现颜色对比与形状递进叠加的效果。

（4）粘贴顺序为：脖子—头—身体—翅膀（由底层到上层）。

（5）剪脖子和翅膀的时候，面积要比实际大一些。

① 剪下翅膀。

② 粘贴双面胶。

③ 在大圆弧中间剪开小口。

④ 撕去纸条将开口重叠，使翅膀中间凸起。

⑤ 完成。

## （三）作品展示与临摹

纸浮雕临摹作品如图 2-51 所示。

① 葡萄

② 小鸟

③ 稻草人

④ 花朵

图2-51　纸浮雕临摹作品

## 四、纸条卷画的制作

卡纸也常用于制作卷条贴画，基本步骤如下。

（1）剪出若干宽度在 1.5cm 的纸条。

（2）柔化纸条，可将剪好的纸条一端放在笔杆的上面，右手持笔，并用右手的大拇指压住纸条一端，左手从右手拇指下顺势抽拉纸条，只要力度合适，拉过的纸条就会自然形成螺旋形（见图 2-52），为下面的塑性打下基础。

（3）将纸条卷折成所需形状，如图 2-53 所示。

图2-52　纸条卷的制作

图2-53　各种纸条卷的成型

（4）粘贴，将糨糊或胶水均匀地抹在纸片上，用手捏住一个图形，让图形轻轻在纸片上蘸一下，并直接放在作品底板上，每个图形逐一粘贴，组成图案，作品平放，糨糊干后作品即完成，如图 2-54 所示。

图2-54　纸条卷画作品

## 五、立体作品的制作

### （一）啄木鸟的制作

（1）裁出制作小鸟需要的卡纸带。

身体：5条（宽2.5cm，长度分别为7.5cm、10cm、12.5cm、15cm、17.5cm）

头部：2条（宽2.5cm，长度分别为6.5cm、9cm）

尾巴：5条（宽4cm，长度分别为5cm、7.5cm、10cm、12.5cm、15cm）

嘴喙：1条（2.5cm×5cm）

眼睛：1条（2.5cm×4cm）

（2）将用作身体的纸条卷曲，末端重合约0.6cm，用胶水粘贴。

（3）将做好的纸卷用作鸟巢并粘贴在一起。用夹子夹住，直至晾干固定。用同样的方法制作小鸟的头部，然后将头粘贴在身体上。

（4）将尾巴修剪成长三角形，然后分别卷曲后再粘贴，并将做好的尾巴粘贴在身体上。最终效果如图2-55所示。

图2-55　《啄木鸟》

### （二）立体花的制作

① 画出螺旋式纹路，相邻纹路间距为1cm左右。

② 按照纹路剪开。

③ 从外向内卷纸条。 ④ 粘贴固定。

⑤ 用不同方法组合塑形。

## 六、卡纸玩教具制作与环境创设技能实训

### （一）以卡纸为主要材料，进行墙面环境创设

提示

（1）充分发挥卡纸容易塑形的特点，先进行立体塑形，再装饰墙面。

（2）装饰墙面时，卡纸塑形不宜太难，否则容易费时费力并且杂乱，因此，以卡纸浮雕装饰墙面可以允许重复，但要突出主体与主题，如图 2-56、图 2-57 所示。

风车立体画

图2-56 风车 图2-57 简单的卡纸花

### （二）以卡纸为主要材料组织幼儿美术游戏

提示

（1）卡纸不仅是教师制作玩教具与环境创设的好材料，同时，也是幼儿手工操作的重要材料，教师可以考虑将卡纸运用于美术活动中。

（2）卡纸成为幼儿美术游戏的主要材料时，有多种呈现方式。首先，卡纸可以成为幼儿装饰的底板，例如，将多种材料装饰在卡纸上做出贺卡；其次，卡纸可以成为幼儿手中的装饰元素，如图2-58所示的做法一样，教师可以将卡纸剪成多种形状，请幼儿创造性地粘贴。此外，卡纸在幼儿美术游戏中也有多种呈现方式，教师应创造性地运用卡纸。

图2-58　圆圆和方方（图片来自吴江市七都中心幼儿园网站）

### （三）以卡纸作为主要材料制作家长园地或班级宣传栏

提示

可综合运用卡纸的各种立体塑形效果，以达到园地或宣传栏与读者的交互作用，如图2-59所示。

图2-59　卡纸宣传栏

### （四）其他实训建议

（1）用卡纸制作娃娃家中台灯等立体物品。

（2）用卡纸制作新年贺卡。

# 七、拓展延伸：卡纸经典教案赏析

## 活动方案四

活动名称：山坡上的小屋

适用班级：大班

**活动目标**

（1）感受纸浮雕工艺的精良、唯美效果。

（2）学习制作模板，重复、连续地使用基本图形构图，展现整体立体效果。

（3）培养在制作过程中细心、精致的意识，提高手工活动的精准性。

**活动准备**

（1）《山坡上的小屋》作品一幅。

（2）各种颜色的卡纸若干。

（3）剪刀每人一把，双面胶与厚胶棉、铅笔每人一支。

**活动过程**

（1）欣赏作品，感受基本形状叠加的层次感。

教师："这幅作品中表现的是什么景色？在作品中有什么景物？山坡上的小树一样吗？分别是什么样的？小树是怎样长在一起的？小房子在哪里？小房子是一样的吗？"

作品特点：山坡上的小树高低不同，要一棵压着一棵粘贴，这样显得十分茂密，高度和宽度不同的小屋坐落在树林里，有的地方还被小树挡住了。

（2）观察作品并讨论做法。

小树一棵压着一棵，我们应该先制作最远的小树还是最近的小树？小房子是怎样穿插在小树中的？

技法要领

① 制作步骤：构思图形并在卡纸上画出轮廓，按轮廓剪。

② 颜色的搭配——运用相近色与对比色。

③ 使用叠加突出立体效果与构图的层次感。

④ 重复运用模板，注重构图的一致性与整体性。

⑤ 粘贴顺序要由远及近。

（3）幼儿分小组进行制作，教师指导。

① 鼓励幼儿大胆剪出各种形状与颜色的小树、房子以及其他景物；

② 鼓励幼儿不拘一格进行整体布局，体现叠加效果。

（4）欣赏小组作品，请幼儿谈一谈制作过程中的感受，活动结束。

**活动延伸**

根据不同小组创作的小屋的特点、整体环境特点，请他们介绍山中的小屋，讲一讲小屋中发生的故事。

图片资料如图2-60所示。

图2-60 《山坡上的小屋》

# 第四节 皱纹纸玩教具制作与应用

## 一、皱纹纸的特点与在幼儿园中的应用

皱纹纸制作是利用各色皱纹纸为材料通过卷、搓、编、粘等方法制成的各种立体造型的过程。这种纸立体玩具，材料来源方便，制作手段不复杂，浅显易懂，并有一定的规律性，可举一反三、触类旁通。通过教学实践发现，这种纸立体玩具的制作能提高幼儿的立体想象力。我们最熟悉的皱纹纸作品应该就是小时候老师扎的大红花，如图2-61所示。

图2-61 大红花

### （一）皱纹纸制作的特点

皱纹纸制作是一种新兴的工艺，具有材料来源方便、制作手法简单、造型形象逼真的特点。皱纹纸操作过程千变万化、灵活多样，能极大地满足幼儿的好奇心。

#### 1. 材料来源方便

皱纹纸又称皱纸，是纸面呈现皱纹的加工纸的通称。可分为生活用、包装用、装饰用皱纹三类。生活用皱纸如餐巾纸、卫生皱纸，用纸质柔软并有良好吸水性的薄纸为原纸；包装用皱纹纸坚韧而有弹性，供包装绒线、羊毛制品等有伸缩性的商品，以防止因包装物伸缩性大而引起纸张破裂，用强韧的包装纸为原纸；装饰用皱纸如各种彩色皱纸，供节日装饰和扎成纸花用，用薄纸为原纸。本书中涉及的皱纹纸主要是指装饰用皱纹纸，纸质柔软、价格便宜、颜色丰富，适合幼儿进行手工操作。

### 2. 制作手法简单

皱纹纸制作的方法多样，如剪、撕、粘贴、卷、编制等，这些方法简单易学，即便小班幼儿也能很快学会。在学会这些基本方法的基础上，教师和幼儿可以制作出丰富的平面或立体的造型。

### 3. 造型形象逼真

用皱纹纸通过不同的方法可以制作出许多形象，这些形象生动、有趣，符合幼儿的审美特点。

## （二）皱纹纸制作在幼儿园中的应用

由于皱纹纸制作自身的艺术特点，这种手工形式在幼儿园中的应用十分广泛。教师可以专门组织幼儿开展相应的美术游戏或课程活动；也可以为幼儿提供手工制成的皱纹纸玩教具；还可以将皱纹纸制作与环境创设，以使环境更加丰富、有趣。

### 1. 组织幼儿进行皱纹纸制作活动

教师在组织皱纹纸制作活动中需要照顾到各年龄段幼儿的能力水平。小班幼儿喜爱玩纸和撕纸，教师可事先准备一些颜色各异的皱纹纸让他们撕着玩，体验皱纹纸的特性，发现各种形状的变化；中班幼儿应学习一些皱纹纸制作的方法，如剪、撕、折、粘贴等，进行皱纹纸平面造型的制作；大班幼儿则在中班所掌握的技能的基础上，学习更为复杂的制作技能，如卷、盘绕、编制等，尝试做一些较为复杂的平面或简单的立体造型制作。

拓展延伸：皱纹纸经典教案赏析一

活动方案五

活动名称：漂亮的水果树

适用班级：小班

**活动目标**

（1）学习撕、贴水果。

（2）能体验与同伴共同粘贴水果树的快乐。

**活动准备**

（1）若干不同颜色的皱纹纸条；

（2）一棵画有空白水果轮廓的果树。

**活动过程**

（1）观察图片，引起幼儿兴趣。

教师："树上的果娃娃没有衣服，你们会给它们穿上漂亮的衣服吗？"

（2）幼儿尝试用皱纹纸纸条撕成小碎片。

（3）幼儿尝试将撕碎的纸片粘贴在水果树上。幼儿边做边说一说："我给 ×× 果子穿上什么衣服？例如：我给苹果穿上了红颜色的衣服。"

（4）共同欣赏作品。

**活动延伸**

可以提供更多的彩色纸让幼儿撕碎，再粘贴秋天的花、草、树叶等。

**领域渗透**

可以把水果树集中起来制作成展板，让幼儿说一说自己最喜欢的水果，开展语言活动。

## 拓展延伸：皱纹纸经典教案赏析二

## 活动方案六

活动名称：花儿真美丽

适用班级：中班

**活动目标**

（1）尝试用折、剪、画、贴等形式来表现各种各样的花。

（2）体验表现与创造的乐趣，培养幼儿热爱大自然的情感。

**活动准备**

（1）剪刀、图画纸、皱纹纸、油画棒、胶水、胶带。

（2）蝴蝶头饰，每名幼儿一个。

（3）歌曲《蝴蝶飞》。

（4）各种不同的花。

**活动过程**

（1）出示蝴蝶，让幼儿们说说他们最喜欢什么？

（2）出示教具（不同的花），让幼儿找出它们的颜色和特征。

（3）说说小朋友最喜欢什么样的花。

（4）教师拿出几种花，示范制作方法。

（5）组织幼儿制作美丽的花朵，教师巡回指导。

（6）幼儿作品展评。

（7）音乐游戏：蝴蝶飞。

**活动延伸**

可以把花用线穿起来，制成吊饰装饰在走廊中。

**领域渗透**

可以带幼儿到花园去欣赏不同种类的花，讲解各种花的特征，开展科学活动。

### 2. 皱纹纸玩教具制作

皱纹纸纸质较软，一般在制作玩教具时需要卡纸、瓦楞纸等材料的配合来完成玩教具制作。

（1）立体玩教具——用于角色表演的玩教具，如山羊（见图2-62）、金鱼（见图2-63）等。

图2-62　山羊

图2-63　金鱼

（2）平面玩教具——用于辅助教学的玩教具，如雨伞（见图2-64）、蜗牛（见图2-65）等。

图2-64　雨伞

图2-65　蜗牛

### 3. 皱纹纸环境创设

幼儿园环境创设的手段十分多样，皱纹纸以其独特的艺术魅力，已成为幼儿园环境创设的重要物质材料。皱纹纸环境创设的主体同样不仅限于幼儿教师，幼儿也是环境创设的重要参与者，他们是环境的主人。皱纹纸环境创设可根据以下五种思路进行。

（1）用皱纹纸制作幼儿娃娃家的道具，如裙子（见图2-66）、鞋帽（见图2-67）等。

图2-66　裙子

图2-67　鞋帽

（2）用皱纹纸制作幼儿园生活用具，如篮子（见图2-68）、笔筒（见图2-69）等。

图2-68　篮子

图2-69　笔筒

（3）制作装饰环境的皱纹纸主题画或主题场景，如春天来了（见图2-70）、水果飘香（见图2-71）等主题墙面环境创设。

图2-70　春天来了

图2-71　水果飘香

（4）结合其他材料制作皱纹纸装饰，如花篮（见图2-72）、上衣（见图2-73）等。

图2-72　花篮

图2-73　上衣

（5）制作皱纹纸挂饰，以装饰环境，如心形帘子（见图2-74）、花球（见图2-75）等。

图2-74　心形帘子

图2-75　花球

用面巾纸与皱纹纸制作一盘"面条"

## 二、皱纹纸操作方法与技法要领

### （一）皱纹纸操作的工具与材料

皱纹纸（见图2-76），是手工制作必备纸，可以用来制作折叠纸类，特点是耐折，制作出来的花、动物比较生动，也可用来制作纸花、包装花束，是纸艺制作理想的材料。

图2-76　皱纹纸样品

### （二）皱纹纸操作技法要领

（1）剪——有目测剪、沿轮廓剪和折叠剪三种类型。目测剪是凭自己的感觉和经验在没有任何痕迹的皱纹纸上剪出自己所需形象的方法；沿轮廓剪是根据已有的轮廓线来剪出所需形象的方法；折叠剪是将皱纹纸经折叠后剪出对称形象的方法，如图2-77所示。

（2）撕——撕也有目测撕、沿轮廓撕和折叠撕三种类型，基本方法同"剪"。

（3）折——用皱纹纸折叠成立体物象，如图2-78所示。

（4）粘贴——借助胶水或糨糊将皱纹纸贴到画纸或底板适当位置上的造型活动，通过粘贴可以制作出平面或立体的作品。如图 2-79 所示，将皱纹纸撕出长条粘贴到树枝上制成柳枝。

图2-77　剪碎的皱纹纸　　　　图2-78　立体娃娃　　　　图2-79　柳树

（5）卷搓——将皱纹纸条置于食指和拇指之间，将食指和拇指分别向相反方向运动，带动皱纹纸片旋转，直至成为线状，如图 2-80 所示。

①搓卷纸条的手法。　　　　②搓卷的纸条。　　　　③成品。

图2-80　皱纹纸卷搓纸条

（6）盘绕——将线状材料按照一定顺序缠绕成平面图像（见图 2-81）或立体图像（见图 2-82）。

图2-81　平面盘绕　　　　　　图2-82　立体盘绕

（7）编制——用线状材料按照经纬交叉的原理编制成平面或立体物象，如图 2-83、图 2-84 所示。

图2-83　纸绳

图2-84　提包

## 三、纸绳画的制作

### （一）范例——水立方的制作

① 勾画轮廓。

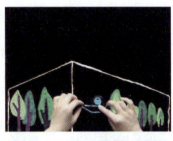

② 搓纸绳，沿轮廓由内向外进行盘绕。

③ 主体部分完成。

④ 沿轮廓盘绕烟花，注意纸绳间隙。

⑤ 水立方造型。

## （二）作品展示

平面纸绳画作品如图 2-85、图 2-86 所示。

图2-85　花盆

图2-86　金鱼

# 四、立体雕塑的制作

## （一）立体娃娃的制作

① 准备一个瓶子。

② 剪出20cm×8cm皱纹纸长条。

③ 用双面胶将纸条固定在瓶子的上部。

④ 准备6张20cm×20cm的纸，并将一端用胶带扎起制成"裙摆"。

⑤ 将"裙摆"依次固定在瓶身中部。

⑥ 制作两个蝴蝶结固定在正面。

⑦ 另取5cm×5cm的纸，将一端固定
　在瓶身上部作为"胳膊"。

⑧ 制作头部并装饰。

⑨ 立体娃娃完成。

## （二）拖鞋的制作

① 将卡纸剪成鞋状。

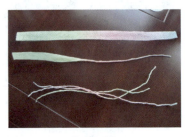

② 搓纸绳。

③ 沿拖鞋边线粘贴纸绳。

④ 鞋底制成。

⑤ 制作鞋面。

⑥ 将鞋底与鞋面结合。

⑦ 拖鞋制作完成。

## （三）作品展示

立体纸绳画作品如图 2-87、图 2-88 所示。

图2-87　杯子

图2-88　"贵妇人"

## 五、花卉的制作

### （一）玫瑰花的制作

① 剪成约5cm的长条。

② 折成5cm×5cm的正方形。

③ 剪成花瓣的形状。

④ 用细铁丝将花瓣边缘卷起。

⑤ 将细铁丝一端弯成钩状。

⑥ 让花瓣根部紧贴铁丝。

⑦ 将花瓣交叉排列。

⑧ 用绿色胶带固定花瓣根部。

⑨ 将胶带末端搓成花萼状。

## （二）荷花的制作

① 将皱纹纸剪成5cm×8cm的长方形。

② 将一侧剪成须状。

③ 另制作一个球形的物体（芯蕊）。

④ 将须状纸条涂上胶水。

⑤ 将纸条固定在球状物体（芯蕊）底部。

⑥ 另取皱纹纸剪成长条花瓣状。

⑦ 将花瓣按大小排列。

⑧ 将小花瓣根部紧裹球状物底部粘好，并交叉排列。

⑨ 将较大花瓣按顺序粘贴在外侧。

⑩ 将最大花瓣依次排开。

⑪ 荷花制作成型。

### （三）百合花的制作

① 将两个长条花瓣用胶水固定，并裹住铁丝。

② 取2cm×5cm纸条缠绕在铁丝一端。

③ 用棕色胶带固定底部。

④ 用棕色胶带将带花瓣的铁丝依次紧裹。

⑤ 最后将黄色花蕊裹入花瓣中央。

⑥ 固定花瓣根部。

⑦ 百合花造型制成。

### （四）作品展示与临摹

皱纹纸临摹作品如图 2-89、图 2-90 所示。

图2-89　花瓶

图2-90　花篮

## 六、皱纹纸玩教具制作与环境创设技能实训

### （一）利用皱纹纸制作进行走廊、区角装饰

提示

（1）选择简单、易操作的造型进行制作，如长条、线状等造型（见图 2-91～图 2-93）。

（2）准备工作可以由教师独自完成，也可由幼儿合作完成。

（3）教授幼儿必要的粘贴、卷的技能和注意事项。

（4）将幼儿分为 3～5 人的小组，小组协商创作，教师指导。

图2-91　帘子

图2-92　花藤

图2-93　花盘

幼儿园玩教具制作与环境创设

（第2版 全彩微课版）

## （二）利用皱纹纸制作进行主题墙装饰

提示

（1）确定墙面装饰的用途、风格、主题，可以单纯用于装饰，也可以用于展示幼儿作品，还可作为家园沟通等功能性墙饰如图 2-94、图 2-95 所示；

（2）装饰墙面时可以考虑辅助运用其他手工操作手段。

图2-94 《太阳》作品展示　　　　　　图2-95 《大树》主题墙

## （三）其他实训建议

（1）用皱纹纸装饰娃娃家。

（2）为幼儿活动室折叠挂饰。

# 七、拓展延伸：皱纹纸经典教案赏析

## 活动方案七

活动名称：小小服装设计师

适用班级：中班

**活动目标**

（1）通过欣赏服装表演，找出服装图案的排列规律，初步运用点、线、图形进行装饰。

（2）培养幼儿初步的合作意识。

**活动准备**

（1）用皱纹纸、挂历纸、报纸做成不同的衣服（有规律的、无规律的、没有图案的）。

（2）剪好的彩色小饰物（太阳、图形、花……）。

（3）胶水、油画棒、音频、视频。

**活动过程**

（1）观看时装表演视频，激发幼儿设计服装的兴趣。

（2）幼儿分组合作设计服装。

（3）教师巡回指导。

（4）幼儿穿上装饰好的服装随音乐进行服装表演。

**活动延伸**

请幼儿和家长共同绘画、设计服装，布置"服装"展示墙。

**领域渗透**

可以把服装进行拍卖，组织相应的社会活动，并将所得捐给有需要的人。图片资料如图 2-96 所示。

图2-96

# 第五节 剪纸玩教具制作与应用

## 一、剪纸的特点与在幼儿园中的应用

剪纸广泛流传于民间，在许多与当地民众息息相关的民俗活动中都可以看到它的存在。例如，"宝葫芦"就是中华民族最原始的吉祥物之一，民间常挂在门口用来避邪、招宝。将剪纸运用在幼儿园玩教具制作与环境创设中，是引导幼儿接触民间文化、深刻了解传统文化神韵的好机会。在日常生活中，幼儿虽然经常接触剪纸作品，但他们对有关这种艺术的文化和历史还不甚了解，因此，教师应为幼儿创造了解剪纸文化的机会。首先，为幼儿创设一个良好的剪纸环境，提供剪纸材料，在幼儿园中张贴剪纸作品，或经常带领幼儿观看一些我国著名剪纸艺人的作品，感受剪纸艺术的魅力；同时，将剪纸活动与我国的传统文化相联系，将我国传统文化中的发展、作用、寓意等方面的内容渗透到剪纸活动中。

## 二、剪纸操作技法要领与注意事项

### （一）剪纸的工具与材料

幼儿园剪纸的主要工具与材料是剪刀和纸（见图 2-97、图 2-98），纸张主要选用较薄的彩纸或手工折纸、大红纸或其他颜色的宣纸。

图2-97　剪刀

图2-98　大红纸

## （二）剪纸的基本技法

剪纸艺术的基本技法包括阴刻与阳刻。

阴刻是将花纹的线条剪掉或刻除，留下纸面作为背景，也就是虚纹或雕空的阴纹图案；阳刻则与前者相反，只留下花纹的线条，其余背景部分均被剪掉或刻除，形成实线的阳纹图案。幼儿园剪纸以阳刻剪纸为主。

剪纸的剪刻法，除了依照原订的样稿进行外，还可先折叠纸张再进行剪刻，这是剪纸艺术的最大特色。纸张折叠之后同时剪刻，能形成对称或连续的规矩图案，因此纸张的折叠方式，也会改变剪刻后的效果。较普遍的折法是沿着中轴线或对角线，用对折或连续对折的方式，配合样稿的图案设计，剪刻之后会有意想不到的图案变化。折叠剪纸是幼儿园中最常用的剪纸技法，本节主要介绍折叠剪纸，包括连续剪法、四折剪法、五折剪法、六折剪法、八折剪法。

## （三）剪纸的基本纹样

剪纸的每一个纹样就如同汉字的每一种笔画一样，要剪出漂亮的剪纸必先掌握纹样的剪法。剪纸的纹样十分丰富和多变，常见的剪纸纹样有圆孔、月牙形、柳叶形、锯齿形、花瓣形、逗号形、水滴形等。

剪纸的基本纹样

### 1．小圆孔

小圆孔是剪纸中的常用纹样，例如人物、动物的眼睛，花心、花瓣和浪花的水珠等。剪小圆孔的最简便方法是，对折后剪一个小半圆，若不能对折，则对准圆孔中心空白处轻轻扎一个眼，然后顺着眼往边沿剪，逆时针方向转360°即可（见图2-99）。要注意线条流畅圆滑，不留茬口。

### 2．月牙纹

形状近似月牙儿，比较容易掌握。先从月牙儿中心空白处下剪刀，顺着月牙儿的外轮廓线从左往右剪即可（见图2-100）。对折后剪出竖直的半个月牙更为简单。

图2-99　小圆孔

图2-100　月牙儿

### 3. 柳叶纹

柳叶纹，顾名思义，其形状像柳叶，对折后剪出横向切分的半片柳叶或从中间空白处下剪刀，自右往左剪，要求线条圆滑、简洁。

### 4. 锯齿纹

锯齿纹是剪纸中高难度的技法。先剪出一半圆线，顺着半圆线右边剪出一条弧线作为开口处（不宜太大），然后，让剪刀在两手之间平衡稳当，右手持的剪刀尖放在左手的食指上，大拇指把剪的花瓣部位压牢，使它不容易错位。剪刀尖不离原处，左右移动，一刀紧挨一刀，排列长短、大小要均匀。两手与剪刀协调配合，使锯齿毛剪成自然圆形，阴与阳、黑与白反差明显，艺术感强，如图2-101、图2-102所示。

图2-101　锯齿纹

图2-102　马的锯齿纹鬃毛

### 5. 其他

除以上几种常见纹样外，还有云纹（见图2-103）、水纹、火纹（见图2-104）等，甚至还可以在剪纸过程中自行创作花纹，例如菱形纹等。剪纸者可创造性地选择运用。

图2-103　云纹

图2-104　火纹

### （四）剪纸的注意事项

剪纸过程中需注意以下几个问题：

（1）剪的次序需由内而外，先复杂部分，后简单部分；

（2）空白部分与实面部分的面积避免过大，以免画面单调；

（3）过分精细复杂部分，不能用剪制方法，可用刀割方法；

（4）篇幅过大剪制不便时，则用分割剪法；

（5）如一次剪制两张以上，需要在构图的虚处把纸粘在一起或钉在一起，以免图形走样；

（6）进行剪制时，可以边剪边修，失手断落部分立即粘补；

（7）完成后，整张画面景物的线条必须互相连接，以免破坏画面。

### （五）剪纸的步骤

（1）起稿：构思确定后，起稿布局，对画面进行具体的描绘，画出黑白效果。对初学者来说，稿子越细，剪起来越省事。对称的稿子，画一半即可。

（2）剪、刻：如用刀子刻，须将画面和纸用订书机订好，将四角固定在蜡盘上，为了保证形象的准确，要先刻细部或紧要处，再由中心慢慢向四周刻，刀或剪的顺序如同写字一样由上到下，由左到右，由小到大，由细到粗，由局部到整体。无论剪还是刻，不要的部位必须刻断，不能用手来撕，否则，剪纸会带毛边而影响美观。

（3）揭离：剪刻完毕后需要把剪纸一张张揭开，在揭离之前，可先将剪刻好的纸板轻轻揉动，使纸张互相脱离，然后再慢慢揭开。

（4）粘贴：将剪刻作品粘贴在完整的纸张上，以利于保存。

## 三、连续剪法

### （一）范例

① 将纸进行反复折叠，折叠宽度为纸宽度的二分之一。

② 在最上层画出图案。　③ 将斜线部分剪去，鱼背部分不得剪断。

④ 完成制作。

## （二）作品展示与临摹

连续剪法剪纸作品展示如图2-105所示。

①

②

③

④

⑤

⑥

图2-105　连续剪法剪纸作品范例

⑦

⑧

图2-105　连续剪法剪纸作品范例（续）

## 四、四折剪法

### （一）范例

剪纸的四折剪法

① 正方形纸对角折。

② 沿中线对折。

③ 再次对折。

④ 画出图案。

⑤ 沿线条将斜线部分剪去。

⑥ 打开，完成。

### （二）作品展示与临摹

四折剪法作品展示如图 2-106 所示。

①

②

③

图2-106　四折剪法作品范例

# 五、五折剪法

## （一）范例

① 对角折。　② 将对角线处180°三等分，折出三等分角线。

③ 对侧同样折法。　④ 画出花纹，并剪制。　⑤ 制作完成。

## （二）作品展示与临摹

五折剪法作品展示如图 2-107 所示。

①　②

③　④　⑤

图2-107　五折剪法作品范例

幼儿园玩教具制作与环境创设

（第2版 全彩微课版）

⑥　　　　　　　　⑦

图2-107　五折剪法作品范例（续）

# 六、六折剪法

## （一）范例

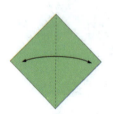

① 对角折，压实折痕后打开。

② 对角折。

③ 按照虚线折痕折叠。

④ 折好后，翻转至背面。

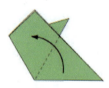

⑤ 按照虚线折痕折叠。

⑥ 按照虚线对折。

⑦ 画出纹样。

⑧ 按照纹样剪纸。

⑨ 打开，制作完成。

### （二）作品展示与临摹

六折剪法作品展示如图 2-108 所示。

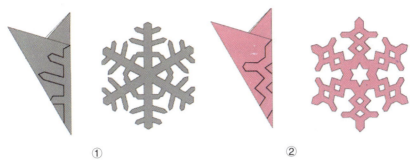

① ②

图2-108　六折剪法作品范例

## 七、八折剪法

八折剪法与四折剪法相似，即在四折折法三次对折的基础上，以不开口角的对角线为折痕再进行一次折叠，而后画纹样、剪刻即可，操作步骤不再详解，作品展示如图 2-109 所示。

① ② ③ ④

图2-109　八折剪法作品范例

## 八、剪纸玩教具制作与环境创设技能实训

### （一）利用剪纸进行《节日》主题墙饰制作

提示

（1）窗花的剪制与粘贴能很好地凸显节日气氛，教师可选用六折或八折剪法，剪出简单的窗花并粘贴。

（2）剪制立体拉花并悬挂在天花板上，可以与窗花相映成趣，更好地凸显节日气氛。

### （二）组织并实施幼儿剪纸活动《蝴蝶》

（1）剪纸操作活动一般从中班开始，因此，此活动适于中大班幼儿。

（2）注意幼儿操作规程中运用剪刀的安全性。首先，明确剪刀运用方法与注意事项；其次，提醒幼儿不要拿着剪刀打闹；再次，幼儿与幼儿之间保持较大距离，以免剪刀扎到旁边的幼儿。

（3）向幼儿教授简单对称剪法的技能，提醒蝴蝶的关键特征——上大下小等。

（4）剪纸过程会产生碎屑，教师注意幼儿良好卫生习惯的养成。

### （三）利用剪纸方法仿照图 2-110 图形制作标志

图2-110　图形标志示例

## 九、拓展延伸：剪纸经典教案赏析

### 活动方案八

活动名称：鱼儿亲亲

适用班级：大班

**活动目标**

（1）了解鱼的图案在中国民间的美好寓意，体会劳动人民对幸福生活的向往之情。

（2）剪出鱼的基本外形特征，并利用对称法，剪出两条相连的鱼，并在合适的位置剪出疏密有致的镂空图案。

**活动准备**

（1）双鱼剪纸作品若干。

（2）长方形红宣纸、剪刀、接纸屑的盘子。

**活动过程**

（1）出示双鱼图，引导幼儿欣赏双鱼图的构图和装饰特点。

教师："你看到的是什么样的图？有几条鱼？两条鱼左右一样吗？"

（2）讨论如何剪出一对双鱼。

教师："你觉得怎样折叠能剪出鱼儿亲亲的样子？要折叠几次？鱼的什么部位在纸的中心线上？在折叠好的红纸上从鱼的什么部位开始剪？鱼鳞要剪成什么样的镂空图案才更好看？"

技法要领

① 折叠长方形时，先短边对折，再长边对折。

② 从纸的中心点开始剪，这个中心点就是两条鱼嘴的位置。

③ 剪纸顺序为鱼嘴—鱼头—鱼鳍—鱼肚—鱼尾。

④ 鱼身部分图案可以剪得小而密，这样就可以和鱼的头部形成疏密对比。

（3）幼儿操作，教师巡回指导。

提醒幼儿把剪下的纸屑用盘子接住，完成作品后要收拾好剪刀，并放在指定位置，倒掉纸屑。

（4）展示作品，分享成果。

把幼儿的剪纸作品展示出来，看看谁剪成了双鱼，比一比谁剪的鱼身上的图案好看，疏密有致。

**活动延伸**

收集中国民间鱼造型的剪纸作品，特别是双鱼图，激发幼儿创作热情，鼓励幼儿多操作、多练习。

**领域渗透**

引导幼儿观察更多类型鱼的外形特征及生活习性，加深对鱼的了解和认识，如图2-111 所示。

图2-111　双鱼

## 实训参考

实训项目 1：仿照幼儿园活动室特点，综合利用多种纸材，将本班教室环境进行重新布置

（1）实训目的

① 练习本单元所学操作技巧。

② 练习环境设计，提高综合使用多种材料以达到设想效果的能力。

（2）实训方式

10 人一组，分工负责环境中的不同板块。

（3）项目任务与要求

① 每组讨论合作分工，分别负责天花板、墙面、走廊等位置。

② 各组在充分研讨的基础上，统一风格，分头装饰。

③ 组内交流，相互学习与讨论相关技能技巧。

④ 环境介绍与分享。

（4）考评标准

由项目组考评与个人考评两项构成。

优秀、合格和不及格的具体分数和要求是通过师生讨论而得出的结果。

项目组考评项目包括团队合作、各司其职、环境效果。（考评表格式参考单元一中的实训项目考评表，只需修改"项目组考评项目"内容即可）

实训项目2：任意选取一则活动方案案例，用纸材料为此活动设计、制作玩教具，并展示、应用

（1）实训目的

尝试运用所学纸材操作技能有目的性地设计并制作玩教具。

（2）实训方式

个人完成。

（3）项目任务与要求

① 符合相应纸材操作的要求。

② 符合玩教具制作的基本原则与要求。

实训项目3：设计并实施一次以纸工制作为主要内容的幼儿园教学活动

（1）实训目的

① 进一步了解不同纸材的艺术特点与操作注意事项。

② 体验纸艺活动对于幼儿发展的重要价值。

（2）实训方式

8人一组，分工负责。

（3）项目任务与要求

① 符合幼儿的年龄特点。

② 注重幼儿良好行为习惯的养成。

③ 保证幼儿操作中的安全性。

④ 充分发挥所选纸材的艺术特点。

（4）考评标准

由项目组考评与个人考评两项构成。

优秀、合格和不及格的具体分数和要求是通过师生讨论而得出的结果。

项目组考评项目包括团队合作、各司其职、活动设计与实施。（考评表格式参考单元一中的实训项目考评表，只需修改"项目组考评项目"内容即可）

# 第三单元

# 泥材料玩教具制作与环境创设

【本单元学习要点】

1. 了解不同泥材料运用技法的特点以及在幼儿园中的应用。
2. 掌握不同泥材料运用方式的技法要领。
3. 能够规范运用不同泥材料进行制作。
4. 能运用泥材料进行主题式玩教具制作与环境创设。

俗话说，"心灵手巧，手巧心也灵"。现代幼儿教育中一个大的误区就是家长、教师对幼儿的包办、代替过多，对幼儿动手能力的培养不足。泥工活动是以加工过的自然泥土（或其他可塑性材料）为主要材料，通过捏、捏、搓、塑等表现手法和一些简单工具，塑造具有立体性、实体感的手工艺术品的活动。泥工活动不仅能充分发展幼儿手指、手掌、手腕和手臂的小肌肉及手部动作的灵活性，而且对幼儿的物体认识能力、观察造型能力都有很大的提高。因此，作为（准）幼儿教育工作者，应了解幼儿园泥材料的应用，掌握雕塑艺术的基本知识和技能，提高创造能力和实际的动手能力。通过泥造型的学习，陶冶艺术情操，丰富文化生活，为将要或正在从事的幼教事业奠定良好的基础。

# 第一节　泥材料玩教具制作概述

## 一、泥的性质

泥是生活中比较常见的一种材料，它用于造型的最基本性质是其可塑性和黏性。可塑性是指泥具有受外力时变形，除去外力后不恢复原形的性质。这种性质使它自古以来就成为雕塑或器物形成的材料。黏性是指泥可以互相结成一体或者部分分离，利用粘接或者分泥来增加或减少泥的体积。正因为具有可塑性和黏性，泥材料可以制作出各种形象的玩教具造型，也成为幼儿进行手工操作的材料之一。

泥作为造型教育材料有许多优点，它可以随人的意愿自由变形，为创造性的表现提供了条件。泥工使用的泥根据材料性质不同可以分为陶泥、橡皮泥、太空泥、面团、软陶等，运用捏圆、搓长、捏、挖空等不同技能可以塑造或粘贴出各种不同立体造型或半立体造型。由于其特殊性，泥工活动在玩教具制作和环境创设方面都起到了独特的作用。

### （一）陶泥

陶泥即陶土，也称为黏土（见图3-1）。黏土是大自然中的一种极为普遍的资源，取之不尽，但并非所有泥土都可以使用，要选择含沙少、黏性强、无杂质的细腻黏土。自然黏土具有取材方便、经济适用，捏塑手感好，作品也可以做得较大，还可以较长时间保存的优点。但是，缺点是和泥烦琐、不方便、不卫生、干后易裂，操作过程中要适当加入泥浆变软。

图3-1 陶泥

### （二）橡皮泥

橡皮泥属于油泥（见图3-2），它色彩鲜艳，黏性强，取用方便，受到幼儿喜欢。橡皮泥黏性较强，易于黏接，在造型中，常将物象分解为若干部分，再组合黏接而成。由于在保管和使用上都相对方便，因此橡皮泥是幼儿园泥工的主要材料。但橡皮泥的缺点是其硬度会因为气温的变化而变化，冬天易变硬，夏天易变黏，若温度不适，不太易于幼儿操作。由于橡皮泥相对较软的特性，一般难以制作较大的立体造型。

图3-2 橡皮泥

### （三）太空泥（超轻黏土）

超轻黏土只是纸黏土里的一种，简称超轻土，捏塑起来更容易、更舒适，更适合造型，而且作品很可爱。与橡皮泥相比，太空泥更轻便、无毒无味、可风干定型，拉伸效果更好，颜色多种，可以用基本颜色按比例调配各种颜色，混色容易。作品完成后可以保存4～5年不变质、不发霉。由于它的制作技能和橡皮泥制作有些类似，因此在本章节中不再单独论述。其制作玩教具的技能可参考橡皮泥一节。

### （四）面团

面团是用面粉加少量防腐剂制成。在和面时加入少量防腐剂，再放入锅内蒸十几分钟，放凉后即成。根据需要可以在面粉中加入少量食用颜料制成彩色面团。为了保持面团的湿软，一般放入塑料袋内保存。面团具有卫生、柔软，取材方便等优点。中国的面塑艺术早在汉代就已有文字记载，是中国文化和民间艺术的一部分。由于它的制作技能和橡皮泥制作有些类似，因此在本章节中没有单独论述。其制作玩教具的技能可参考橡皮泥一节。

## 小知识——面团的做法

冬季和面的配方为：精面粉1500克、糯米粉1000克、精盐200克、防腐剂100克、香油250克。

其制作手法为，将面粉、糯米粉、精盐、防腐剂放在盆中和匀，再徐徐倒入开水并用筷子搅拌，然后将面团反复揉搓，直至达到"三光"（面光、手光、盆光）效果。用手将面团压成薄片，上笼蒸约45分钟取出来，迅速将面片与香油揉和均匀，再放入塑料袋中，用毛巾裹好，放置24小时至面团上劲后，即可用广告色进行调色了。

如果是在夏季，考虑到气温和湿度等因素，一般可适当增加面粉的比例。可将面粉增加到1700克左右，同时，防腐剂和香油的比例也应适当加大。

和好的面团在冬季可保存 1 ~ 2 个月，夏季放在冰柜中也可保存 1 个月左右。取用时若感到面团发硬，可用手将其揉软，这并不影响其使用效果。

## 二、泥塑使用的工具

泥塑主要靠徒手捏塑，但也需要一些简单的工具以丰富作品的表现力。主要实用的工具有以下几种。

泥工板：也叫垫板，其作用是不弄脏桌面并能保持作品底部平整，可用纤维板、木板、三合板或者塑料板代替。

泥塑刀：也称为泥工刀（见图3-3），是传统泥塑的主要工具，用木料或塑料制成，有尖、圆、扁、锯齿等多种形状，可在泥塑中达到手所不能达到的效果。

湿布：用于擦手。陶泥中还可以用于蒙在作品上以免干燥。

毛笔、颜料：主要用于陶泥作品干燥后的着色，可用水粉颜料。

图3-3 泥塑刀

## 三、泥塑的基本技法

结合幼儿园教学活动实践，涉及的泥塑的基本技能较为简单，常用的主要可以分为以下9种技能，如图3-4～图3-12所示。

（1）搓长：将泥置于掌心，双手相对或者将泥放置泥工板上，双手均匀用力轻轻搓动，使泥搓成长条状，如面条、筷子等形状。

（2）抟圆：将泥置于手掌中，双手相对旋转揉动，使泥块成圆球状，如皮球、汤圆等形状。

（3）压扁：将揉圆的球放在手心里，用另一只手掌用力压成泥饼，如饼干、烧饼等形状。

（4）捏：手指相互配合，根据造型需要，捏塑成需要的形状，如捏小猪的耳朵。

（5）切：根据需要，用泥刀将泥切成各个不同的部分。可以形状大小不同，也可以等分。

（6）接：分为"黏接"和"棒接"，即用湿泥或牙签将两块泥连接起来。

（7）戳：用工具进行刺印，表现凹形痕纹，如花心的装饰。

（8）划：用泥工工具在泥的表面刻划线纹，以表现物象形式特征或装饰。

（9）贴：将小块的泥贴到大块的泥上，作为装饰。

图3-4 搓长

图3-5 抟圆

图3-6 压扁

图3-7 捏

图3-8 切

图3-9 接

图3-10 戳

图3-11 划

图3-12 贴

泥塑的技法是在泥工实践中逐步体验总结而成的，不同形象塑造及其艺术表现风格所采用的技法也不尽相同。教师应该在实践中结合实际不断掌握并创新泥塑的基本技能。

# 第二节　陶泥玩教具制作与应用

## 一、陶泥在幼儿园的运用

玩泥是孩子的天性，尤其是陶土。与橡皮泥相比，陶泥可以制作较大体积的作品，因此更加受到幼儿喜爱。根据陶土特性，陶泥（见图3-13）在幼儿园主要运用于集体性的手工造型活动。

图3-13　幼儿园陶泥活动

## 二、陶泥操作的技法要领与注意事项

同雕塑一样，泥造型在表现形式上可以分为圆雕、浮雕两种主要形式。传统的陶艺中陶泥成型主要有拉坯成型、泥板成型、捏塑成型、泥条盘筑几种主要制作方法。结合幼儿园的实际，一般在制作玩教具中，圆雕往往采用泥板成型、泥条盘筑、捏塑成型3种主要制作方法，浮雕一般采用组合成型和整体成型两种表现手法，在陶泥成型后会对晾干后的陶泥上色。

### （一）陶泥的圆雕造型

#### 1. 拉坯成型

拉坯成型是利用拉坯机产生的离心运动，在旋转过程中，对含水半固化状态的泥料按照设计构思拉伸成型。拉坯成型在古时已经普遍使用，薄如蛋壳的黑陶，绚烂夺目的彩陶，晶莹透彻的越窑陶瓷，都留下了拉坯成型的痕迹。但由于这种方式受到工具材料的限制，因此在幼儿园除非是专门的陶艺室，一般不采用这种方式进行制作。拉坯成型的操作步骤一般分为3个环节：碾泥—拉坯—修饰成型，如图3-14~图3-16所示，一般用于容器性物品的制作。

图3-14　碾泥

图3-15　拉坯

图3-16　修饰成型

### 2. 泥板成型

泥板成型，顾名思义就是将泥块通过人工滚压成泥板或泥片，然后用这些泥板进行造型。最初可以从圆柱体或方盒形开始，熟练以后再制作一些复杂的作品。滚泥板时，应从泥块的中心向四周扩散，注意泥的厚度要适合所做作品的需要。泥板或泥片制作好后，一般会根据造型需要结合切泥、粘接等技法综合制作。

如制作"兔子拖鞋[①]"的一般操作步骤如下。

步骤一：用滚压法制作泥片，如图3-17所示。

步骤二：根据所需大小，切好所需要的鞋底、鞋面、鞋帮，如图3-18所示。

步骤三：鞋底边缘沾点泥浆，将卷好造型的鞋面、鞋帮与鞋底黏合，如图3-19、图3-20所示。

步骤四：修正并装饰鞋面花纹，如图3-21、图3-22所示。

步骤五：待作品略干后上色（图略）。

图3-17　滚压法制泥板

图3-18　按需切好鞋底、鞋面

---

① "兔子拖鞋"制作者为长沙淘淘陶艺工作室唐银娟。

图3-19　鞋面与鞋底黏合

图3-20　鞋帮与鞋底黏合

图3-21　用泥条、泥团装饰

图3-22　完成后的兔子拖鞋造型

泥片成型的注意事项有：

（1）制作泥板时，要注意厚薄均匀；

（2）制作泥板的方法有很多，如拍制法、滚压法、切割法等。幼儿园一般用滚压法较多；

（3）弯曲泥片时为防止泥片塌陷可以在泥片中加入报纸等材料。

### 3. 捏塑成型

利用捏塑的方法进行陶艺成型，由于整个造型是实心的，所以也叫做实泥成型。捏塑成型的特点是能够保持塑造的外在肌理和创作痕迹，造型也不用考虑翻模对造型的影响，比较随意，具有较强的原始艺术表现力，与雕塑有异曲同工之感。一般是先捏出形象的主要形状，如圆柱体、圆锥体等，然后在此基础上捏出其他形象。

以制作"海宝"为例，说明具体步骤，如图3-23所示。

步骤一：确定塑造形象，设计图稿（图略）。

步骤二：塑造海宝的身体（长方体），然后利用分泥，捏出海宝的头发和腿部。

步骤三：捏出海宝的手臂、五官、气球等，并将各个部位粘接。

步骤四：按照设计涂色，可用水粉颜料（图略）。

图3-23　海宝的制作（张亚芳）

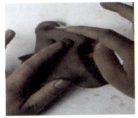 

图3-23　海宝的制作（张亚芳）（续）

### 4. 泥条盘筑

泥条法是通过泥条来构筑成型的一种盘筑技法。泥条可以经手搓成，也可以通过压泥条工具挤压成型。搓泥条时要把握好泥的可塑性，以免在盘筑形状时开裂。以泥条盘筑法一次完成一件大作品或一件很复杂的作品是较困难的。因为作品要有一定强度才能使泥继续盘高，而且连接部位要保持一定的湿度，才能保持胚体之间的黏接。在盘筑过程中，要把握好泥的干湿度，注意掌握好造型的轮廓线。以泥条盘筑法创作的作品特点是古朴、流畅，富于变化。

以制作"烟灰缸"为例，步骤如图3-24所示。

步骤一：制作底板。准备烟灰缸所需要的底板。

步骤二：搓泥条。注意泥条粗细均匀。

步骤三：盘筑。根据造型要求将泥条一层层盘高，注意抹平内壁，使泥条之间连接更为紧密。

步骤四：成型修饰。注意盘到一定高度要收口，并适当对烟灰缸外部进行装饰。

①制作底板。　　　　　　　　　②搓泥条。

图3-24　烟灰缸（唐银娟）

③ 盘筑泥条。　　　　　　　④ 成型修饰。

图3-24　烟灰缸（唐银娟）（续）

### 5. 上色

　　素坯彩绘指的是用颜料在素烧的花瓶、碗、盘、罐等器物（素坯）上绘画。就泥塑的色彩而言，我国民间艺人就有"三分塑、七分彩"之说，即陶泥泥塑作品一般造型单调，关键在于彩绘，强调用色泼辣明快，对比强烈，多以纯色为主。

　　注意，着色的方法如下。将玩具风干后，用零号磨砂纸磨光，再用小刷子将泥末刷净，就可以用毛笔蘸广告色上色。先着主色，再着其他颜色。上色原则是先着浅色，再着深色。

## （二）陶泥的浮雕造型

　　浮雕，是在平面上雕刻出凹凸起伏形象的一种雕塑，是一种介于圆雕和绘画之间的艺术表现形式。陶泥浮雕结合幼儿园艺术教学实践，一般可以分为组合成型和整体成型两种技法。

### 1. 组合成型

　　组合成型指的是将陶泥制作分为两个环节进行，即主体部分和衬托部分。其中主体部分是浮雕形象的主要部分，是造型的重点；衬托部分是对主体形象进行补充和装饰的效果。最后整体造型由两部分组合而成，二者是不可分割的整体。

　　以制作《小兔子》为例，制作步骤如下。

　　步骤一：确定主题，设计图稿（图略）。

　　步骤二：按照设计图稿，塑造小兔子的身体和头部，如图3-25所示。

　　步骤三：塑造主题形象的各个部分。分别塑造头部及五官的各个部分，注意各个部分的大小比例是否协调适当，如图3-26所示。

　　步骤四：将各个部位粘接，如图3-27所示。

　　步骤五：给主体各个部分着色，建议涂色时先涂一层白色水粉再上色，这样色彩效果会更好（图略）。

图3-25　制作兔子身体

图3-26　制作各个部分

图3-27　粘接各个部分

### 2. 整体成型

整体成型需要预制泥板或石膏板。为便于操作，在幼儿园一般采用平板式浮雕。作品展示如图3-28所示。整体造型用的工具有泥工工具、泥工板、水粉颜料等，辅助工具有模具、画框等。下面介绍主要的方法步骤。

步骤一：确定主题，设计图稿。

步骤二：制泥板。将泥板在泥工板上摔打并擀成厚薄为2～3cm厚度的平整泥板。按照图稿大小，切割泥板制作所需要的形状。

步骤三：制稿。将设计好的图稿覆盖在泥板上，沿着轮廓线扎洞。

步骤四：雕刻。沿扎洞线雕刻，注意雕刻前要考虑主体物的造型适合阳刻还是阴刻。

步骤五：修饰、上色。在泥板未干时进行局部修正，干透后根据图稿进行涂色。

图3-28　民族少女

## 三、作品展示与临摹

陶泥作品展示如图3-29所示。

① 淘气娃娃

② 小熊

③ 茶罐

图3-29　陶泥作品范例

④ 沙发　　　　⑤ 民族少年　　　　⑥ 盆栽

⑦ 花瓶1　　　　⑧ 花瓶2　　　　⑨ 靴子

图3-29　陶泥作品范例（续）

## 四、拓展延伸：陶泥经典教案赏析

### 活动方案一

活动名称：独特的杯子

**活动目标**

（1）能综合运用泥片成型的方式制作杯子。

（2）能大胆设计杯子的造型，并尝试运用泥条、泥团对杯子进行装饰。

（3）体验泥造型的快乐。

**活动准备**

（1）已学习陶泥的基本技法。

（2）PPT：有趣的杯子。

（3）工作服、泥塑制作工具、陶泥。

**活动过程**

（1）谈话导入，引入主题。

教师："生活中，你们见过的杯子是什么样子的？见过什么形状奇怪、有趣的杯子？"

（2）欣赏PPT《有趣的杯子》，观察不同造型杯子的特征。

① 引导幼儿观察杯子的结构，了解杯底与杯身造型之间的关系。

教师："杯子是什么形状的？杯底是什么形状的？"

小结：杯子一般由杯底、杯身、杯盖、把手几个部分组成。

② 引导幼儿观察、欣赏不同杯子的造型。

教师："这些杯子你喜欢哪一个？为什么？"

（3）出示范例，探究、讨论杯子的制作方法。

教师："你准备做一只什么样的杯子？如何制作杯子呢？"

**技术要领**

① 制作杯子的步骤有以下几点。

步骤一：先做杯底，杯底形状决定杯身造型。

步骤二：用擀泥片的方法制作杯身。

步骤三：对杯身进行装饰。

② 制作泥板时，宜采用滚压法和拍打法，注意泥板厚度要均匀。

（4）幼儿操作，教师巡回指导并鼓励幼儿大胆想象和创作。

（5）展示、交流幼儿作品（幼儿作品如图3-30所示）。

**活动延伸**

在活动区可以鼓励幼儿探索运用泥条盘筑、泥团盘筑等其他方式制作杯子。

图3-30　陶泥案例

# 第三节　橡皮泥玩教具制作与应用

## 一、橡皮泥在幼儿园中的运用

因为取材方便，色泽鲜艳，无论在玩教具制作还是环境创设中，橡皮泥在幼儿园应用得相对比较广泛。

### （一）集体教学活动

在集体教学活动中，教师一般会引导幼儿利用泥塑的基本技能进行一些泥工造型活动。根据儿童年龄特点和手工能力的不同特点，不同年龄阶段的幼儿可能侧重于不同的技能。小班尝试泥拓印的方式，中大班一般会采用泥贴画或者捏塑的技法进行制作。

## （二）主题教具制作

除了集体教学活动外，幼儿教师经常运用橡皮泥（或太空泥）进行主题教具的制作，如图3-31、图3-32所示。

图3-31　美丽的春天

图3-32　小蝌蚪找妈妈

## （三）环境创设

由于橡皮泥色彩丰富，具有装饰性，因此教师或者幼儿制作的橡皮泥作品经常用于环境创设，主要应用于活动区的材料或者背景墙的装饰等，如图3-33、图3-34所示。

图3-33　角色区"水果超市"

图3-34　墙饰

## 二、橡皮泥操作的技法要领与注意事项

根据橡皮泥的特点，幼儿园开展的橡皮泥泥塑活动一般分为橡皮泥贴画和橡皮泥捏塑两种类型。橡皮泥贴画是装饰性的浮雕艺术，是运用民间陶瓷堆花艺术演变而引进课堂的。它主要以一个平面作底板，运用橡皮泥进行搓、捏、堆、贴、刻等手法制作而成的浮雕式装饰画。它风格独特，意趣盎然，深受儿童的喜爱。橡皮泥的雕塑主要用于幼儿园的教育教学活动，幼儿运用传统泥塑的技能塑造自己喜欢的动物、水果、交通工具等立体形象。

### （一）橡皮泥贴画

橡皮泥贴画是在掌握技法（搓、捏、压、贴、划）的基础上，根据平面底板的大小和主题内容进行构思设计，堆贴出自己喜爱的物体、情节的一种泥塑活动。教师可以启发幼儿将绘画时的点、线、面用泥表达出来，指导他们交叉重叠、有粗有细、有长有短地运用到作品中，要求手法纯正，作品主题突出，背景衬托丰富，色彩搭配和谐统一（见图3-34的墙饰）。除了基本的泥塑技能外，橡皮泥贴画还应该注意以下几个方面。

### 1. 橡皮泥贴画的步骤

橡皮泥贴画是利用橡皮泥制作的浮雕装饰画。根据设计的图案，用橡皮泥做成各种形状的泥饼，再拼贴成画。如小熊，制作步骤如下（见图3-35）。

步骤一：构思作品主题（图略）。

步骤二：制作底板。

步骤三：根据需要准备好制作小熊所需的橡皮泥，注意色彩搭配。

步骤四：将小熊贴在白色橡皮泥底板上。

步骤五：装饰、修正。

① 做底板。

② 制作小熊各个部位。

③ 依次粘贴各个部分。

④ 装饰、修正。

图3-35　小熊贴画步骤图（唐银娟）

### 2. 橡皮泥贴画的注意事项

（1）画面整洁、美观。

（2）画面整体布局均衡，事物大小适中。

（3）粘贴时要注意应从画面远处粘起，先后面再前面，注意顺序。

### 3. 范例欣赏

橡皮泥作品展示如图3-36所示。

① 民族娃娃

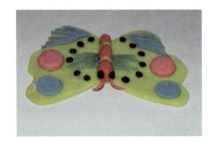
② 蝴蝶

图3-36 橡皮泥作品范例

## （二）橡皮泥雕塑

橡皮泥雕塑主要用于幼儿园的教育教学活动，所涉及的造型技法比较简单。练习要从基本形体开始进行，也就是根据所塑物体的基本形状，先将橡皮泥做成球体、椭圆体、圆锥体等，再运用一些泥塑的基本技能将基本形体变换成各种立体玩具。

橡皮泥制作"螃蟹"

### 1. 小猪的制作

步骤一：按照图稿所需，将橡皮泥分为几部分（见图3-37）。

步骤二：塑造物象主要结构。抟出小猪的身体（椭圆体）（见图3-38）。

步骤三：塑造其他各个部分。分别塑造小猪的四肢、眼睛、鼻子、耳朵、尾巴等各个部位，然后将小猪各个部位连接成型（见图3-39）。

步骤四：适当修正、装饰，制作成型（见图3-40）。

图3-37 分泥

图3-38 塑造物象主要结构

图3-39 塑造其他各个部分

图3-40 适当修正、装饰

### 2. 制作玫瑰花

步骤一：按图稿所需，将红色橡皮泥搓成长条后，分为几个小段（见图3-41）。

步骤二：将每小块红色橡皮泥捏成厚度均匀的花瓣状（见图3-42）。

步骤三：利用小木棒将花瓣状的橡皮泥黏合在球状的橡皮泥上，花朵制作完成（见图3-43）。

步骤四：将绿色橡皮泥均匀地贴在小木棒上，再用橡皮泥做成两片绿叶，黏合在牙签两侧（见图3-44）。

步骤五：修正成型。（图略）

图3-41　搓条并分段

图3-42　捏制花瓣

图3-43　将花瓣黏合在球状泥上

图3-44　将绿叶粘合在牙签两侧

## 小知识——橡皮泥的保存方法

保存时最好拿保鲜袋装着放进冰箱。这样，一两个星期不成问题。做好了的漂亮模型不舍得摧毁的最好也这样保存，否则放在外面久了容易风干。

还可以放入鸡蛋壳中，这样，几天几夜不管它，它依然柔软如初。

### 3. 其他范例欣赏

橡皮泥雕塑作品展示如图3-45所示。

① 百合花

② 动物世界

③ 玫瑰花

超轻黏土制作"小猪"

④ 愤怒的小鸟

⑤ 蔬菜市场

⑥ 生日蛋糕

图3-45 橡皮泥雕塑范例

## 三、拓展延伸：橡皮泥经典教案赏析

### 活动方案二

活动名称：小乌龟

**活动目标**

（1）能综合运用捏、压、搓、贴的方法制作小乌龟。

（2）大胆运用各种方式装饰出各种花纹的乌龟。

（3）能充分想象乌龟的动态，体验泥造型的快乐。

**活动准备**

（1）已学习的泥塑的基本技法。

（2）PPT：小乌龟图片，步骤示范图。

（3）工作服、泥塑制作工具、橡皮泥。

**活动过程**

（1）观察欣赏乌龟图片，了解乌龟的主要外形特征。

超轻黏土制作南瓜

教师："乌龟有几条腿？头上有什么？身体下面有什么？乌龟的身体上面有什么？后面有什么？你觉得乌龟在干什么？"

小结：乌龟由身体、四肢、尾巴、龟壳组成，龟壳上有花纹。

（2）引导幼儿探讨用橡皮泥制作乌龟的方法。

① 鼓励幼儿讨论制作乌龟的步骤。

教师："怎样用橡皮泥来做一只可爱的小乌龟呢？步骤是怎样的呢？"

② 教师在幼儿语言描述的基础上，出示操作步骤图并示范。

操作步骤

① 抟出球形，压成扁圆状，做乌龟身体和厚厚的壳。

② 分别搓出头部、四肢并粘接在龟壳的前部和两边。

③ 搓出细细的尾巴并粘在乌龟后面，再用泥点或者泥条装饰龟壳。

（3）幼儿操作，教师巡回指导。鼓励幼儿大胆想象、创作。

指导要点：注意乌龟四肢与身体的粘接；鼓励幼儿大胆装饰龟壳。

（4）展示、交流幼儿作品（见图3-46）。

**活动延伸**

在活动区可以鼓励幼儿探索运用泥条盘筑、泥团盘筑等其他方式制作杯子。

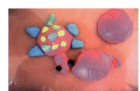

图3-46　橡皮泥案例

# 第四节　泥材料玩教具制作与环境创设技能实训

## 一、以《逛公园》为主题，进行橡皮泥玩教具的制作

提示

（1）构思游乐场的设施及布局安排。

（2）按照需求，准备制作不同设施所需要的橡皮泥。

幼儿园玩教具制作与环境创设

（第2版 全彩微课版）

（3）分工制作游乐场的设施器械，综合运用泥塑的各种技能手法。

（4）将各个设施组合成型，并加以修正。

案例展示见图3-47。

图3-47　逛公园案例

## 二、其他实训建议

（1）利用橡皮泥制作区域活动的材料，如娃娃家的水果、蔬菜等。

（2）利用橡皮泥制作某一主题的贴画，如海底世界等，可作为美工区的墙饰。

（3）综合利用多种材料制作幼儿泥工作品展示架，可贴附于墙面（见图3-48），也可置于展览台。

图3-48　泥工作品展示区案例

**实训参考**

实训项目 1：收集 5 个幼儿园泥塑玩教具进行介绍，尽量包含泥条盘筑、泥片成型等几种不同技能

（1）实训目的

① 尝试运用所学知识和经验分析自制泥塑玩教具的技能与优劣。

② 同学之间有效资源共享，拓宽泥材料制作的思路。

（2）实训方式

3 ～ 4 人一组，分组完成同一项目任务。

（3）项目任务与要求

① 每组讨论产生两名发言人、两名撰稿人，四人共同搜集玩教具。

② 各组在充分研讨的基础上，写出相应的"泥塑自制玩教具"介绍材料与分析报告各一份。

（4）考评标准

由项目组考评与个人考评两项构成。

优秀、合格和不及格的具体分数和要求是通过师生讨论而得出的结果。

项目组考评项目包括团队合作、各司其职、分析报告、介绍情况。（考评表格式参考单元一中的实训项目考评表，只需修改"项目组考评项目"内容即可）

实训项目 2：综合运用泥塑的各种手法，练习制作几种不同动物和植物，并组成一个主题，如"三只小猪"等

（1）实训目的

练习技能，尝试运用所学泥塑操作技能有目的性地设计并制作主题场景。

（2）实训方式

2 人一组，分组完成同一项目任务。

（3）项目任务与要求

① 符合泥塑操作要求。

② 创造性地综合使用多种泥塑技法，作品美观。

（4）考评标准

由项目组考评与个人考评两项构成。

优秀、合格和不及格的具体分数和要求是通过师生讨论而得出的结果。

项目组考评项目包括团队合作、各司其职、作品评分。（考评表格式参考单元一中的实训项目考评表，只需修改"项目组考评项目"内容即可）

# 第四单元

# 布材料玩教具
# 制作与环境
# 创设

**【本单元学习要点】**

1. 了解布艺的特点以及在幼儿园中的应用。

2. 了解布的平面造型方法和立体造型方法。

3. 掌握布艺造型的剪切、粘贴、缝纫等操作技法。

4. 能运用布艺进行主题式玩教具制作与环境创设。

　　布艺是我国传统的民间艺术，源远流长。它起源于缝纫刺绣工艺，是一种以布料为主要材料，通过剪、贴、缝、绣、拼、缠、镶等技法来进行造型的艺术形式。布有丰富的质感，又有五彩缤纷的色彩。生活中，各色各样的布料随处可见，都可被加工为形式多样、造型多变、风格独特的平面或立体布艺作品，其强烈的装饰性和实用性可以大大丰富和美化我们的生活环境。因此，布艺也成为了一种别具风格的装饰艺术。

# 第一节　布材料玩教具制作概述

## 一、布艺的特点

　　布是一种柔软的材料，安全耐用，给人亲切温暖的感觉。布料有不同的质感、纹样、色彩，因此布艺也具有了独特的艺术魅力。布料在生活中非常常见，如平时废旧的衣服、袜子、毛巾等布料都可以废物利用，运用裁剪、粘贴、缝制、装饰、组合等方式能使其成为立体感强、色彩鲜明、新颖别致的布贴画或布艺品。它不仅能美化幼儿园环境，还能为幼儿带来丰富多彩的玩教具，为幼儿园教育教学活动增添乐趣。

## 二、布艺在幼儿园中的应用

　　布艺玩教具的制作可以上溯到古代，人们用布缝制布偶给孩子玩耍，孩子的早期教育也在无意中开始了。还有许多传统的玩教具，例如沙包、蹴鞠球，都是用布料缝制而成的。由于布料选材方便、制作简便，布艺玩教具从古至今一直是幼儿教育中常见的玩教具（见图 4-1 ～图 4-6）。

图4-1　布艺沙包

图4-2　识数玩教具

图4-3　布艺玩教具——手摇铃

图4-4　布艺玩教具——冰激凌

图4-5　布艺体育器材——钻布圈

图4-6　布艺体育器材——跳方格

　　"幼儿布艺"同时是布艺制作的启蒙教育，教师可遵循幼儿的年龄特点与发展规律，设计适宜幼儿参与的布艺手工制作活动。组织"幼儿布艺"活动，引导幼儿利用布材料"剪剪玩玩、想想贴贴、添添变变"，可以使幼儿感兴趣、愿思索、会操作、敢创造，对幼儿的全面发展发挥独特教育价值。

## 三、拓展延伸：布艺经典教案赏析

### 活动方案

动名称：布贴画（亲子活动）

适用班级：大班

**活动目标**

（1）了解布艺贴画是我国的一项传统民间工艺。

（2）能和爸爸妈妈一起，学用布头剪出图案进行贴画活动。

（3）感受亲子合作的乐趣。

**活动准备**

幼儿与家长搜集各色布头、白乳胶、剪刀、棉棒、色卡纸、彩笔。

**活动过程**

（1）导入

教师："小朋友们，今天老师带来了一幅画，你们仔细看看，它是用什么材料做的？"

幼儿触摸布贴画，教师引导讨论。

（2）介绍布贴画以及布贴画的制作方法及如何表现画面

教师："这是用布料做成的画，它质地柔软，色彩丰富。我们在各种不同颜色的布料上画出喜欢的图形轮廓，然后把它们剪下来，用双面胶粘合在一起，就可以形成美丽的图案啦！"

教师示范做《小鱼》布贴画。

① 将卡纸上的小鱼图形剪切下来，把剪下的小鱼用彩笔拓印在布料上，将拓印后的小鱼图形布料剪切出来。

② 在布料背面用棉棒抹上白乳胶，将其粘贴在另一张色卡纸上。

③ 在其他布料上剪切半圆形的鱼鳞，涂上白乳胶粘贴在小鱼图形布料上，在色卡纸上用彩笔增添泡泡、水草等图案，完成作品。

（3）指导幼儿和家长一起制作布贴画

教师："刚才我们已经学习了布贴画，现在我们小朋友和爸爸妈妈一起试试看吧。"

教师为孩子提供色卡纸，上面已经画好不同的图形，指导父母与孩子一起剪切、制作布艺贴画。

（4）展示与评价

教师："请小朋友们来讲一讲你和妈妈爸爸做的是什么图案，你帮爸爸妈妈完成了哪些工作？"

**活动延伸**

布置教室，将作品布置在教室的特色主题墙上（见图4-7）。

图4-7　布贴画（图片来源：中国幼儿教师网）

# 第二节 布艺操作技法要领与注意事项

## 一、布艺的工具与材料

### （一）常用工具

常用工具有针、剪刀、尺子、镊子、气消笔、胶水、胶棒、热熔枪等，如图4-8所示。

图4-8 常用工具

### （二）常用材料

#### 1. 布料

棉布：吸水性佳，透气，柔软舒适，是常用的缝纫布料，适于制作拼贴、玩偶等（见图4-9）。

麻布：麻纱纤维有粗有细，织造出来的麻布，经纺纱，会有粗细变化，质感自然朴实，吸水性差，透气性高，适于制作拼布、贴布等（见图4-10）。

棉麻布：结合棉布与麻布的优点，受布艺制作者喜爱，使用范围广，适于制作拼布、贴布等。

丝质布：轻柔，飘逸，透气，适于制作玩偶等。

毛巾布：纯棉，吸水性好，手感柔软，适于制作玩偶等。

针织布（罗纹布）：具有伸缩性，贴身，纯棉成分，吸水性好，适于制作玩偶等。

不织布（无纺布）：是一种非织造、色彩艳丽、无布边的布料，适于制作贴布、玩偶等（见图4-11）。

图4-9　棉布　　　图4-10　麻布　　　图4-11　不织布

## 2. 线材

棉线：吸水性强，较结实，弹性好（见图 4-12）。

毛线：染色性很强，触感柔软，色彩鲜艳丰富（见图 4-13）。

麻线：材质硬，有粗犷美，成本较低（见图 4-14）。

丝线：华丽高贵，成本较高。

图4-12　棉线　　　图4-13　毛线　　　图4-14　麻线

## 3. 辅料

珍珠棉、纽扣、珠子、活动眼睛、辅料有亮片、花边、丝带等（见图 4-15 ~ 图 4-20）。

图4-15　珍珠棉　　　图4-16　纽扣　　　图4-17　活动眼睛

图4-18　各色珠子　　　图4-19　花边　　　图4-20　丝带

## 二、常见的布艺针法

在布艺制作中，常用的针法有平针缝、回针缝、卷针缝、锁边缝等。

平针缝：是最基本的手缝方法，针脚在衣料的正面或背面以 3mm 的间距向前推进。应用于布片的缝合和收边，如图 4-21 所示。

回针缝：类似于机缝且牢固的缝法，此缝法紧密牢固，应用在牢固度要求较高的地方，如袜子玩偶等，如图 4-22 所示。

卷针缝：一般用在缝纫线的收尾打结处，做布偶时用此法可表现动物的胡子，如图 4-23 所示。

锁边缝：缝合边缘用的针法，缝的密度要一致才美观，在不织布制作中运用最多，如图 4-24 所示。

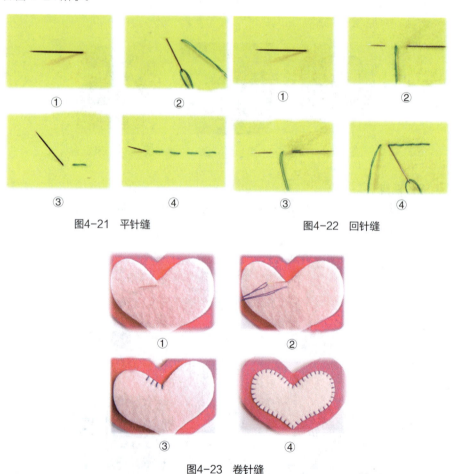

① ② ① ②

③ ④ ③ ④

图4-21 平针缝　　　　　　　　　图4-22 回针缝

① ②

③ ④

图4-23 卷针缝

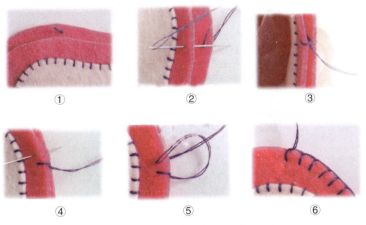

① ② ③

④ ⑤ ⑥

图4-24　锁边缝（图片来源：肉丁网）

# 第三节　布贴画的制作

布贴画是一种富有民间文化气息的传统工艺，它利用布料美丽的色彩和花纹，以剪刀为笔，通过剪切、粘贴、缝纫等技法将布料加工成具有一定浮雕感的装饰艺术品。布贴画色彩鲜艳、情趣各异，需要运用到绘画中的构图、造型等元素，在挑选布料时，一定要根据画面题材和风格所需进行合理的色彩搭配。

## 一、布贴画制作范例

《两只小熊》布贴画（见图 4-25）制作步骤如下。

步骤一：构思。在白纸上设计出所需的图案，并将其修改完善。注意图案颜色的设计与搭配。

步骤二：选布、裁剪布块。根据图案所需挑选颜色、材质合适的布料；并用气消笔将图案各部分——印制在挑选的布料上；依据图案形状将布块剪切成形，剪切时要干脆利落，切忌出现毛边。

步骤三：粘贴。在剪切下来的布块背面刷上乳胶或胶水，刷乳胶要均匀全面，不能过厚；然后根据自上而下、由内而外的顺序将图案粘贴在一起；注意布料要粘平整，粘贴好后用手轻轻压一压。

步骤四：修整完善。对粘贴完成的布贴画进行仔细检查，完善小细节。

图4-25　布贴画《两只小熊》

## 二、作品展示与临摹

布贴画作品展示如图 4-26 所示。

图4-26　作品展示与临摹

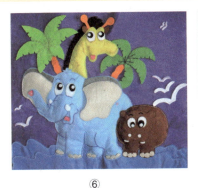 

⑥　　　　　　　　　　⑦

图4-26　作品展示与临摹（续）

## 三、布贴画玩教具制作与环境创设技能实训

### （一）布艺变变变

提示

（1）此活动适于教师与幼儿合作。

（2）在布料上画出美丽的图案。

（3）将图形剪下。

（4）装饰在废罐、瓶、牛奶盒等废旧物品上做成环保小制品。

### （二）布艺畅想

提示

（1）此活动以幼儿操作为主。

（2）将布料剪成圆形、三角形等基础图形。

（3）引导幼儿直接粘贴或拼贴在卡纸上。

（4）构思出所要表现的物体形状，用彩色笔添加细节构成美丽的图案（见图4-27）。

图4-27　布艺畅想（图片来源：中国幼儿教师网）

### （三）在幼儿园墙饰中融入布贴画

提示

（1）直接将幼儿或教师的布贴画作品在墙面上进行直观的展示。

（2）幼儿园主题墙面积比较大，全部采用布料的方式呈现，材料不易收集。设定好主题墙的风格、主题、选材，大部分图形采用纸张进行制作，局部运用布艺进行点缀，可为装饰性的布贴画，也可为类似于"布艺变变变"中的布艺玩教具。

# 第四节　布玩具的制作与应用

布玩具是幼儿十分喜爱的一种玩具，适合反复把玩，转换性强，一般分为玩具布偶、布袋布偶、装饰布艺3个类别。布料选择上可以多种多样，如棉布、不织布、针织布等。

## 一、布玩具的制作

### （一）一般玩具布偶

玩具布偶指用来摆设、把弄、玩耍的布偶，例如布娃娃、泰迪熊等，是一种幼儿乃至成人喜闻乐见的怀抱玩具。从布料上分，玩具布偶又有毛绒玩偶、不织布玩偶、袜子玩偶等多种面料玩偶。本部分介绍的一般玩具布偶，指用棉布等常见布料制作的玩具布偶。

#### 1. 工具材料

各色布料、针、线、填充棉、剪刀、镊子、装饰用珠子、纽扣等（见图4-28）。

图4-28　布玩具制作工具及材料

#### 2. 玩具布偶的制作步骤

① 设计。根据需要制作的玩教具设计好纸样，包括形状、尺寸等，并准确地画出来。

② 打版。依照设计好的图样将玩具身体各部位进行板型描绘，这是整个作品制作过程中最需要精确计算数据的步骤。

③ 剪裁。将各部位的板型描绘在布料上,再裁剪下各部位布片,注意留出缝制的余地。

④ 缝合。将剪裁好的布片按照各部位的连接点与顺序分别缝合。把两片布料对好后缝合。从反面缝制,就用平针缝;从正面缝制,就用回针缝。反面缝制的布料,要留一个小口。缝制完毕,就把布料从这个小口翻过来。

⑤ 填充。将缝合好的各部位填入棉花,把留好的小口缝合好。

⑥ 组合。将头、身体、手脚、耳朵等各个部位都分别制作完成后,将它们按照各自的位置组合缝制在一起。

⑦ 钉眼睛、鼻子。眼睛、鼻子可选用纽扣替代,将针线从布偶侧面顶入,引至眼睛和鼻子的位置,钉牢;也可以用丙烯颜料画在眼睛和鼻子的位置上。

⑧ 配件与配饰。帮布偶制作一些饰品、配件,使其更加可爱。

### 3. 泰迪熊的制作图解

① 设计与打版——泰迪熊版样。

② 剪裁与缝合。

③ 填充、组合、钉鼻子、钉眼睛和配件。

### 4. 其他作品欣赏与临摹

布玩具作品展示如图 4-29 所示。

①       ②       ③

④       ⑤

图4-29　布玩具作品范例

## （二）不织布玩具玩偶

不织布（见图 4-30），又称无纺布，是一种新型材料，因具有布的外观和某些性能而称其为布。不织布不同于针织布，它不是纺织成的，而是使用一种类似于造纸的工艺用纤维压制成的，因此它具有纸的特性，在制作方式上可缝制也可粘贴。并且，由于不织布比一般的布料颜色鲜艳，用不织布制作的玩具玩偶更加引人注目。

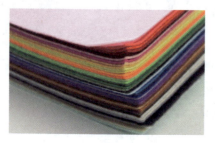

图4-30　不织布

### 1. 不织布玩具玩偶制作步骤（见图4-31）

① 在不织布上画上玩偶的各个部分，把它剪成相同的两份。

② 把相同的两块不织布叠放在一起，用针线把它们缝合，最后留个小口塞进棉花并缝合。

③ 其他各部分按照同样的方法制作，并将各部分组合、缝制在一起。

④ 修整、裁剪不织布边缘并增加装饰部分，完成。

不织布制作
"小汽车"

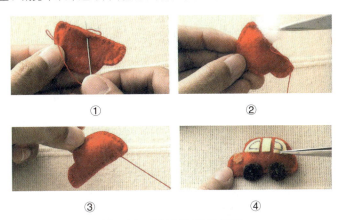

① ② ③ ④

图4-31 不织布玩偶制作图解

### 2. 不织布玩具玩偶作品欣赏

不织布玩偶作品展示如图4-32所示。

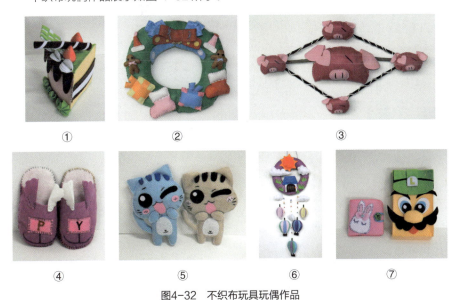

① ② ③

④ ⑤ ⑥ ⑦

图4-32 不织布玩具玩偶作品

## （三）袜子玩偶

用袜子这种材料做玩具布偶，是当下玩具布偶中比较流行的一种制作方式。由于袜子面料柔软、手感好，花纹和质地又各有不同，用它做出的玩具布偶神态各异，深受幼儿喜爱。制作袜子玩偶的材料也非常方便获取。

### 1. 制作步骤

① 挑选合适的袜子。

② 用剪刀把袜子剪出玩偶的各部分，然后塞入棉花并反面缝合。

③ 把各部分缝合在一起，用扣子和针线装饰五官。

### 2. 作品欣赏

袜子玩偶作品展示如图 4-33 所示。

图4-33　作品欣赏

## （四）布袋布偶

布袋布偶又称手偶、指偶，主要指可以把手伸进布偶身体内，进行玩耍、表演操纵的布偶。由于布袋布偶用材少、形象可爱、操作简单，在幼儿园的语言活动及表演活动中运用较多。制作布袋布偶所需的工具材料有剪刀、针线、黏合剂、手套、各色布料、棉花等。

### 1. 制作步骤

① 下样：设计布偶形式，并绘制纸样。

② 剪裁：根据纸样绘制在布料上，并裁剪布料。

③ 缝制：先分别缝制耳朵、鼻子、手臂和身体；再缝制头部，并把耳朵、鼻子和嘴巴固定在头部；最后把手臂和头部缝制在身体上，布袋玩偶就制作完成了。

### 2. 作品欣赏

布袋玩偶作品展示如图 4-34 所示。

图4-34　作品欣赏

## （五）综合类布艺

综合类布艺是以布料为基础制作的各类立体布艺造型，如沙包、香包、绣球、装饰花卉、布艺挂饰等。综合类布艺的制作方法与玩具布偶的制作方法相同，仍采用多种布艺针法缝制而成，只是在造型、用料上有所不同。本部分主要介绍丝袜花的制作方法。

### 1. 制作丝袜花所需的主要材料

铁丝与各色丝袜，如图 4-35 和图 4-36 所示。

图4-35　铁丝

图4-36　各色丝袜

### 2. 丝袜花的制作步骤

丝袜花的制作主要包括绕圈、网丝、组装和造型四大基本步骤。

① 绕圈

在花瓣、花托和叶子的制作中首先需要把彩色金属丝绕成圈，它就像是花的各部分的骨架。对于大的花瓣、叶子及花托需要一片一片地制作。绕圈的方法是采用单圈绕法，对于较小的花瓣、叶子及花托可以采取多圈绕法，一下子就能完成多瓣骨架。

用一根铁丝在塑料圆圈上围成一个圆（如无专用圆圈，可用各类圆形瓶体代替，但要注意大小的循序渐进），注意根部不要太短。将圆圈取下，用钳子剪断多余部分，并对两股铁丝合并的地方进行修整，以免钩坏丝袜花瓣。

② 网丝

在金属圈上平整地套上丝网，要注意丝袜的纹理，一定要竖向并用力拉开丝袜，在底部合拢，丝袜形成的花瓣是紧绷的，只有底部有皱褶。剪去花瓣底部多余的丝袜，尽量修剪得薄一点，不然花萼会太大。

用剪下的多余的铁丝制作花蕊，用钳子在铁丝顶部弯一个小钩子并使之合拢。用做棉花签的方法把棉花包在钩子上。将丝袜套在棉花外并扎紧。

③ 组装

先把花蕊固定在花梗上，再把一片花瓣扎在与花蕊连接的花梗上，不要拉断线。继续扎下一片花瓣，重复此动作，把所有花瓣扎完再拉断线。

当所有花瓣扎完后，在花梗的适当位置扎上一些叶子。用绿色或棕色胶带包扎花梗，一束花卉便组装完成。

④ 造型

花瓣、叶子可以任意拉伸和弯曲，按花卉的种类以及花朵的盛开情况对花瓣、叶子、花萼和花茎进行整理和造型。

第四单元　布材料玩教具制作与环境创设

### 3. 作品欣赏

丝袜花作品展示如图 4-37 所示。

① ② ③

④ ⑤ ⑥

⑦ ⑧

图4-37　作品欣赏

## 二、布偶玩教具制作与环境创设技能实训

### （一）设计瓜果造型布艺玩教具

提示

（1）构思出瓜果的简笔画形象并制版。

（2）将版样复制到挑选的布料上，每个瓜果造型至少需要两片布料。

（3）缝合并塞入珍珠棉。

布艺瓜果作品展示如图 4-38 所示。

图4-38 布艺瓜果

## （二）为幼儿园环境制作玩偶挂饰

提示

按照不织布玩偶的制作方式进行制作，在玩偶头顶增加挂绳。

不织布挂饰作品展示如图 4-39 所示。

图4-39 不织布挂饰

## （三）为幼儿园体育游戏设计布类玩具

作品展示如图 4-40 和图 4-41 所示。

图4-40 布艺沙包　　　　　　　　　图4-41 布艺飞盘

## （四）为幼儿园数学、科学游戏设计布类玩具

作品展示如图4-42~图4-44所示。

图4-42　识数玩教具

图4-43　布艺玩教具：拼合毛毛虫

图4-44　布艺玩教具：切蛋糕

实训参考

实训项目1：收集民间布艺玩教具，介绍其艺术特色及主要技法

（1）实训目的

① 体验民间布艺玩教具的艺术特色。

② 资源共享，拓宽布艺制作的思路。

（2）实训方式

3~4人一组，分组完成同一项目任务。

（3）项目任务与要求

① 每组讨论产生两名发言人、两名撰稿人，四人共同搜集玩教具。

② 各组在充分研讨基础上，写出相应"民间布艺玩具"介绍材料与分析报告各

一份。

（4）考评标准

由项目组考评与个人考评两项构成。

优秀、合格和不及格的具体分数和要求是通过师生讨论而得出的结果。

项目组考评项目包括团队合作、各司其职、分析报告、介绍情况。（考评表格式参考"单元一"中的实训项目考评表，只需修改"项目组考评项目"内容即可）

实训项目2：选取一则活动方案，综合运用布材料的多种操作手法为此活动设计、制作玩教具，并展示和应用

（1）实训目的

尝试运用所学布材料操作技能有目的性地设计并制作玩教具。

（2）实训方式

两人合作完成。

（3）项目任务与要求

① 符合相应布材料操作的要求。

② 符合玩教具制作的基本原则与要求。

（4）考评标准

由项目组考评与个人考评两项构成。

优秀、合格和不及格的具体分数和要求是通过师生讨论而得出的结果。

项目组考评项目包括团队合作、各司其职、作品制作与展示。（考评表格式参考"单元一"中的实训项目考评表，只需修改"项目组考评项目"内容即可）

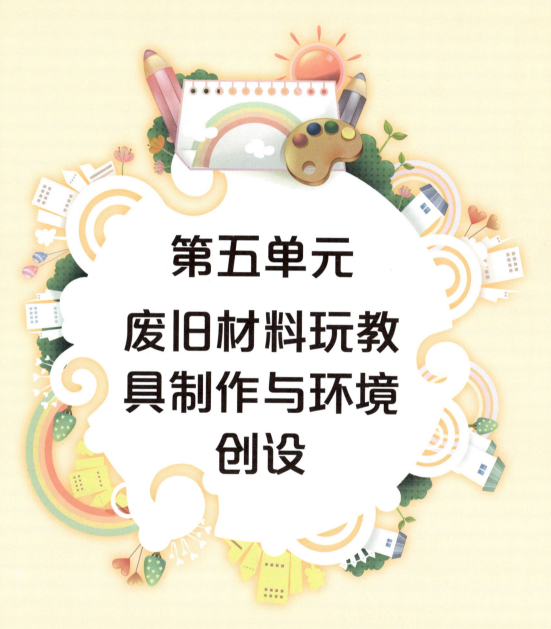

# 第五单元
# 废旧材料玩教具制作与环境创设

【本单元学习要点】

1. 认识各类废旧材料及其独特的艺术制作效果。

2. 掌握常见废旧材料玩教具制作的主要方法。

3. 能够创造性地运用废旧材料进行玩教具制作及主题环境创设。

# 第一节　废旧材料玩教具制作概述

## 一、废旧材料及应用意义

### （一）废旧材料的分类

生活中的废旧材料多种多样，幼儿园常使用的废旧材料可归纳为以下几类。

家居用品：瓶子、桶子、盆子、泡沫塑料、杂物袋、牛奶箱、礼品盒、冰淇淋盒、鞋盒、瓶盖、皮夹、绳索、蛋壳、衣架、吸管、灯罩等。

废纸品：硬纸板、卷轴、贺卡、杂志、报纸、餐巾纸、纸盒、砂纸、线轴、蜡纸、包装纸等。

缝纫用品：带子、扣环、手套、帽子、饰物、花边、领结、袜子等。

废布料：粗麻布、帆布、棉布、帷帐、毛毡、油布、天鹅绒等。

建筑用的材料：砖块、沙子、螺栓、纤维板、钉子、管子、螺丝、废木料等。

装潢用品：包装材料、刷子、绝缘套管、缎带、橡皮圈、镜子、镜框、图钉、瓷砖、旧轮胎等。

### （二）废旧材料在幼儿园中应用的意义

新《幼儿园教育指导纲要》提出："指导幼儿利用身边的物品或废旧材料制作玩具、手工艺品等来美化自己的生活或开展其他活动"。教师引导幼儿把生活中各种各样的废旧物品收集起来，对形态各异又具有可塑性的废旧材料进行加工、改造，使其变废为宝，不仅节约了玩教具制作成本，还能增强幼儿的环保意识。在操作的过程中不仅锻炼了幼儿手指的灵活性、精确性以及手眼协调能力，同时还培养了幼儿的创新意识，以及良好的想象力与创造力。

#### 1. 废旧材料富有生活气息，易于收集

废旧材料是我们生活中常见的废旧物品，具有生活气息。对源于生活且为幼儿熟知的废旧物品进行巧妙的改造利用，并渗透到主题教育活动中，能增强幼儿的节俭、环保意识，积累和扩展幼儿的感性经验，培养他们的认知和审美能力。收集废旧物品的过程能使幼儿真正做到关心身边的事物，使幼儿家长参与幼儿园的教学活动，促进亲子交流，同时也可以使家园合作得到更好的效果。

### 2. 废旧材料经济实惠，易于操作

商场里琳琅满目的精美玩具往往价格昂贵，并非所有的幼儿都能享有，并且它们的重复使用率及可操作性不强，难以满足幼儿好摆弄、爱探索的需求。教师指导幼儿通过剪、切、折、粘等多种制作方式对身边的废旧物品加以改造、创新，既能提高幼儿动手操作能力，培养幼儿的创新意识，又可以提高废旧物品的可操作性和重复使用率，为幼儿提供结实、有趣的玩具，同时还能拓展游戏空间，丰富教学活动。

## 二、幼儿园中废旧材料的用途

幼儿园教育在教学活动中需要安全、无毒、卫生的材料，最常见以及运用最多的废旧材料有废纸类、废布料类、废包装盒类及废瓶罐类，这些废旧材料在幼儿园的各类教育教学活动及环境布置中用途广泛，也深受幼儿及教师喜爱。

### （一）美工活动中利用废旧材料提高幼儿创新能力

陶行知先生指出："教育和生活是同一过程，教育含于生活中。"只有源自幼儿身边的事物，才能引发幼儿内在的情感和操作欲望。选取安全、卫生的废旧材料与美工活动有机结合起来，形成富有特色的美术活动，可提高幼儿的想象力和创造力。如用牙膏盒制作机器人，教师和幼儿共同探究制作的材料及取材途径，并穿插学习环境保护和节约资源的常识，培养幼儿的节俭和环保的意识。教师鼓励幼儿大胆想象，尝试用不同的方式制作，创造属于自己的机器人，可以充分施展幼儿的想象力。

拓展延伸：废旧材料利用经典教案赏析一

活动方案一

活动名称：小火车托马斯

适用班级：大班

**活动目标**

（1）在动手操作中进行大胆创作。

（2）丰富火车的有关知识，运用剪、割、粘贴等方法制作小火车。

（3）感受创作活动带来的乐趣，体验成功的快乐。

**活动准备**

（1）幼儿和家长一起收集塑料瓶、瓶盖。

（2）彩笔、剪刀、泡沫胶、彩色纸等。

（3）多媒体展示及教师制作的范例一个。

**活动过程**

（1）播放动画片，激发幼儿兴趣

多媒体播放小火车托马斯动画片片段，引导幼儿观看。

展示真实火车图片，引导幼儿观察火车的结构、造型。

讨论：火车的形状怎样？火车的声音怎样？

（2）幼儿利用废旧材料创作小火车

激发幼儿的创造欲望："你想不想和托马斯做好朋友呢？"教师介绍各种制作材料，启发幼儿运用已有的剪、割、粘贴等技能进行制作。

（3）制作过程

① 用一个塑料瓶在其顶端挖一个洞，插入另一个小塑料瓶，成为小火车头。用 3 ~ 4 个纸盒做车身，上面贴上数字或画上美丽的图案。

② 在车身上穿孔，用铁丝安装瓶盖当车轮，将火车头和车厢粘贴在一起。

制作完成的小火车如图 5-1 所示。

图5-1　小火车托马斯

（4）幼儿自由创作，教师巡回指导

提示幼儿充分利用现有的各种材料，鼓励和帮助幼儿解决制作过程中遇到的难题，如选择什么样的材料制作轮子、如何将轮子与车厢连接紧密等。

（5）分享创作成果，体验快乐

① 幼儿介绍自己的作品，引导幼儿关注他人作品的不同之处。

② 幼儿相互评价，大胆表达对自己、对他人作品的看法。

**活动延伸**

收集废旧物品放在区域内，供幼儿随时创作。教师可指导幼儿制作生活中的小汽车。

## （二）利用废旧材料丰富体育器材

将简单的废旧材料改造成丰富多彩的体育活动器材，不仅能充分发挥它们的教育价值，又可以赢得幼儿和教师的喜爱和青睐。如教师可以把多个矿泉水瓶竖直放置，让幼儿用皮球投掷，玩保龄球游戏；或者在矿泉水瓶中装少许沙子或豆子，作为哑铃给幼儿锻炼使用；教师也可以用废旧布料缝制"布球"，让幼儿进行投掷练习等。

拓展延伸：废旧材料利用经典教案赏析二

活动方案二

活动名称：踩高跷

**制作思路**

选取废旧铁罐代替传统的高跷，用绳索固定在"高跷"上，教师教授幼儿安稳地站到高跷上，并且能够自己控制自己脚下的高跷往前移动。

**材料**

废旧铁罐、绳子、厚纸片。

制作步骤（见图5-2）

① 选取两个较大的铁罐，在每个罐子的两侧用铁钉扎两个对称的孔。

② 选取一段稍粗的绳子，根据幼儿的身高，结成同样长的两段，每段相当于幼儿腿长的两倍。

③ 把绳子的两端分别穿进罐子两侧的孔中，在罐体内打结，将绳子系牢。

图5-2　制作"踩高跷"

**游戏方法**

让幼儿踩着铁罐，拉着绳子，控制自己的脚步，看谁走得远。

### （三）利用废旧材料制作丰富多彩的玩教具运用于各类教学活动中

废旧物品贴近幼儿生活，方便幼儿理解和感知，将其制作为教学活动的辅助玩教具，可提高教师的教学效率，增强幼儿的学习兴趣。例如在语言活动中，教师在讲故事时出示用废布料制作的玩具布偶，可以帮助幼儿更直观地感知讲述对象，顺利地进行讲述活动；在音乐活动中，教师可以用废旧瓶罐装入铃铛做成简单的手摇铃，吸引幼儿的注意力，更好地达到教学效果。

拓展延伸：废旧材料利用经典教案赏析三

活动方案三

活动名称：摇动手摇铃

**制作思路**

利用普通的易拉罐，结合豆子、米粒或小铃铛制作成简单、实用又可爱的手摇铃，配合音乐教学活动。

**材料**

易拉罐、豆子、米粒或小铃铛。

**制作步骤**（见图5-3）

① 取两个易拉罐，装入适量的豆子、米粒或小铃铛。

② 用胶布把易拉罐的口子封牢。

③ 给易拉罐涂上美丽的颜色，进行简单的装饰。

图5-3 手摇铃制作步骤

**游戏方法**

幼儿跟随音乐节奏双手轻轻摇晃易拉罐，就会发出动听的声音。

## （四）环境创设中运用废旧材料促进幼儿身心发展

环境创设中把废旧材料和环境有效地结合，将废旧资源变废为宝，不仅可以美化校园环境，同时还提高了幼儿的动手操作能力，从而更好地促进幼儿的身心发展。如教师利用废旧的簸箕制作为可爱的吊饰、挂饰，用塑料瓶制作为盆栽，用多种多样的废旧材料进行趣味性的区角布置。

### 1. 观赏性装饰物（见图5-4～图5-7）

图5-4 簸箕吊饰

图5-5 蒲扇吊饰

废旧牛奶袋
的利用

图5-6　塑料瓶盆栽（一）

图5-7　塑料瓶盆栽（二）

## 2. 生活道具（见图 5-8 和图 5-9）

图5-8　塑料衣服（一）

图5-9　塑料衣服（二）

## 3. 环境布置

区角布置主题：美丽的大海（见图 5-10 和图 5-11）。

目的：使幼儿仿佛置身于大海之中，感受海洋的奇妙。

废旧材料：积木、泡沫、布料、纸张、游泳圈、栅栏等。

图5-10　美丽的大海

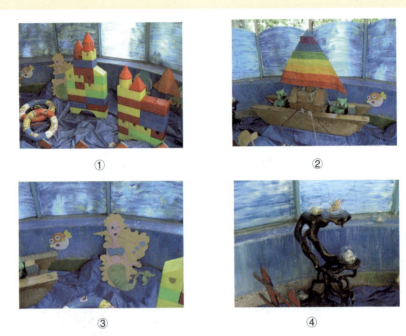

①　　②　　③　　④

图5-11　美丽的大海分解图

## 三、废旧材料在幼儿园中应用的基本原则

### （一）安全性原则

幼儿年龄小，自我保护意识、能力较差，因此，在废旧材料收集利用过程中必须遵循安全性的原则。在收集的过程中，教师应指导幼儿区分废旧材料的种类，判断是否可循环利用。对于收集来的废旧材料，教师要事先进行清洗和消毒，再允许幼儿接触。在使用废旧材料前，教师可将材料进行裁剪、去角、磨光，保证无尖角、无棱角。确保废旧材料自身的安全性，是废旧材料应用于幼儿园教育中的前提和基础。

### （二）循序渐进原则

教师在选择可操作的废旧材料时，应充分从幼儿兴趣和实际发展需求出发，按照由浅到深、从易到难的要求投放材料。在操作的过程中，教师应充分调动幼儿的主动性和积极性，遵循从简单到复杂这一循序渐进的原则，使幼儿的兴趣和需要得到满足，潜能得到发挥，个性得到健康发展。

### （三）趣味性原则

不同类型废旧材料有不同的特点，教师应为幼儿提供数量充足、种类丰富的废旧材料。在操作过程中，教师应引导幼儿全面认识和感受废旧材料的形态特征、材质、色彩、纹理等特点，引导幼儿大胆操作、尝试探索。无论在创作过程中，还是在欣赏作品时，感受创作趣味是废旧材料玩教具制作的重要内容。

# 第二节 废旧材料玩教具制作的基本技法

## 一、利用原形，突出废旧材料的形态特征

充分利用废旧材料的外形特征来设计玩教具，即根据所要制作的物体形象，挑选造型与其相似的废旧材料进行组合加工，在制作中突出废旧材料的形态特征。如盒包装废旧材料有正方体、长方体、圆柱体等形态特征，可加工制作成生活中含有正方体、长方体、圆柱体的物体模型，如汽车、火车、电视机、照相机等（见图 5-12）。瓶罐类废旧材料有圆润的柱体造型特征，结合生活中已有的物体可将其加工为花瓶、笔筒、装饰品等（见图 5-13）。

图5-12 纸盒汽车

图5-13 纸盘鱼

### （一）原形类废旧材料制作范例

#### 1. 搅拌机

（1）工具材料

彩色纸杯两个，色卡纸若干张，彩色吸管两根，大纸奶盒一个，卷纸筒一个，塑料瓶盖四个（见图 5-14）。

图5-14　工具材料

（2）制作步骤（见图5-15）

① 将色卡纸粘贴在奶盒的表面。

② 将两个彩色纸杯用色卡纸条连接在一起并装饰。

③ 用色卡纸装饰汽车车身，粘上塑料瓶盖做车轮。

④ 将卷纸筒裁成合适的大小并贴上色卡纸，连同做好的纸杯贴在汽车的相应位置。

⑤ 用彩色吸管和色卡纸条做梯子。

图5-15　制作步骤

## 2. 人脸泥塑

（1）工具材料

废旧的卫生纸内芯一个，橡皮泥或彩泥若干，水粉颜料一支（见图5-16）。

图5-16　工具材料

（2）制作步骤（见图5-17）

①用笔刷将卫生纸筒刷上颜料，并将其晾干。

②用橡皮泥或彩泥在纸筒上装饰与造型。　③修整并完善作品。

图5-17　制作步骤

## （二）作品展示与临摹

### 1. 光盘制作（见图5-18）

图5-18　光盘制作作品

## 2. 纸杯玩偶（见图5-19）

图5-19　纸杯玩偶作品

## 3. 餐盘制作（见图5-20）

①　　　　　　　　　　　　　　②

图5-20　餐盘制作作品

## 4. 纸盒与瓶盖（见图5-21）

废旧材料制作小猪

①　　　　　　　　　　　　②

图5-21　纸盒与瓶盖作品

## 5. 塑料瓶制作（见图 5-22）

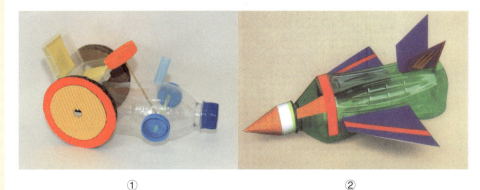

① ②

图5-22　塑料瓶制作作品

## 6. 纸盘制作（见图 5-23）

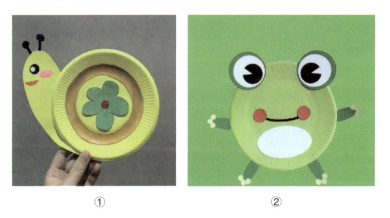

① ②

图5-23　纸盘制作的作品

## 二、剪切重构，突出创造物品的趣味性

剪切重构，即利用废旧材料的局部形体特征或材质、纹理、色泽等特征进行玩教具的设计与制作。根据所需制作的物体形象，运用分解、组合、叠加等制作方法对废旧材料进行再创造，或添加其他材料进行装饰与造型，可使废旧材料创造出的物品更为丰富并具有趣味性。如制作一幅装饰画，可运用各种各样的废旧材料进行粘贴、拼合，丰富画面的表现力。又如将废纸变为纸浆可制作成各种果蔬玩具，将塑料瓶剪成美丽的花瓶，将碎布缝制成各种动物、娃娃玩偶等（见图 5-24 和图 5-25）。

图5-24　猫头鹰　　　　　　　　图5-25　娃娃

## （一）重构类废旧材料玩教具制作范例——废旧纸杯做降落伞

### 1. 工具材料

废旧一次性纸杯一个、色卡纸、彩笔、剪刀、绳子。

### 2. 制作步骤（见图5-26）

（1）在一次性纸杯底部插孔，穿入绳子打结。

（2）将纸杯杯体剪开成8个伞瓣。

（3）在剪开的伞瓣上用彩笔画上美丽的花纹。

（4）用色卡纸制作小熊并用绳子将其与杯子连接。

①　　　　　　　　②

③　　　　　　　　④

图5-26　制作步骤

## （二）作品展示与临摹

### 1. 纸袋重构（见图5-27）

废旧纸盒
"小鸟"

①

②

图5-27　纸袋重构

### 2. 塑料瓶重构（见图5-28）

①　　　　②

③

④

图5-28　塑料瓶重构

### 3. 多种物品叠加进行重构（见图5-29）

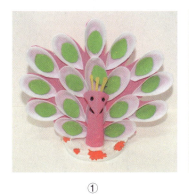
①

②

图5-29　多种物品叠加进行重构

### 4. 借助大量辅助材料进行重构（见图 5-30）

① ②

图5-30　借助大量辅助材料进行重构

### 5. 纸杯、纸盒重构作品（见图 5-31）

① ② ③ ④

图5-31　纸杯、纸盒重构作品

### 6. 其他作品（见图 5-32）

① ②

图5-32　其他作品

## 三、综合利用多种废旧材料进行玩教具制作

在幼儿园中，教师也可以根据教学内容设计出玩教具的主题，综合利用各种材质、结构、造型的废旧物品，灵活运用多种制作方法，制作出具有教学意义又兼具游戏功能的玩教具。

### （一）综合类废旧材料的制作范例——音乐玩教具：敲敲打打

#### 1. 工具材料

纸碗或塑料碗一个，一次性筷子一双，乒乓球一对，如图 5-33 所示。

图5-33　工具材料

#### 2. 制作步骤（见图 5-34）

① 用色卡纸制作一个小猴子图形。

② 将废旧纸碗或塑料碗粘贴在小猴的肚子上，内部可放入铃铛。

③ 将一次性筷子插入乒乓球中，并用颜料进行涂色装饰。

④ 制作完成。

图5-34　制作步骤

幼儿园玩教具制作与环境创设

（第2版 全彩微课版）

## （二）作品展示与临摹

### 1. 敲敲打打（见图5-35）

① 材料：塑料碗、丝带、色卡纸、卫生筷、毛线、活动眼球等。

② 材料：巧克力盒子、塑料花等。　　③ 材料：卫生筷、乒乓球、纸盒、塑料花等。

图5-35　敲敲打打

### 2. 踢球比赛（见图5-36）

材料：纸盒、色卡纸、筷子、乒乓球等。

图5-36　踢球比赛

### 3. 钓鱼比赛（见图5-37）

材料：棉线、色卡纸、废旧泡沫板等。

图5-37　钓鱼比赛

### 4. 分糖果（见图5-38）

材料：塑料包装纸、糖盒、皱纹纸等。

图5-38　分糖果

### 5. 象棋比赛（见图5-39）

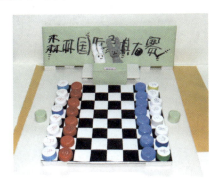

材料：瓶盖、泡沫板、色卡纸等。

图5-39　象棋比赛

### 6. 手指识数（见图5-40）

材料：纸盒、色卡纸。

图5-40　手指识数

### 7. 形状对比、识数（见图5-41）

材料：纸盒、色卡纸。

图5-41　形状对比、识数

### 8. 套圈（见图5-42）

材料：纸筒、铁丝、彩纸。

图5-42　套圈

## 四、废旧材料玩教具制作技能实训

### （一）为幼儿体育游戏设计玩教具——拖拉玩具车

（1）废旧材料

饮料瓶、绳子、铁丝、瓶盖。

（2）制作步骤

① 在饮料瓶的下半部分挖出椭圆形孔，在孔口边缘粘上贴纸以防割伤幼儿。

② 在瓶身靠近瓶口部分的下方打两个小孔，穿过铁丝作为车轴。

③ 在几个瓶盖中间打孔，作为车轮安装在瓶身两侧，用铁丝固定。

④ 在瓶口的瓶盖上打孔，穿入绳子作为拖拉绳。

（3）操作说明

幼儿拉着玩具车进行走、跑、跳，增加幼儿的体育学习兴趣。

## （二）为科学活动设计玩教具——传声筒

（1）废旧材料

一次性纸杯、玻璃纸、长棉绳、彩纸。

（2）制作步骤

① 取两个一次性纸杯，将底部拆下，换成玻璃纸。

② 在玻璃纸中心穿进一根绳子，在里面打结，连接两个杯子。

（3）操作说明

两个幼儿分别站在距离较远的两头，一个幼儿对着杯子说话，另一个幼儿用耳朵听（见图5-43）。

图5-43　好玩的土电话

## （三）为表演游戏设计服装道具

提示

（1）面具制作材料：色卡纸、绳子。

（2）装饰帽制作材料：色卡纸、废旧绒布、珍珠棉、彩纸。

（3）服装制作材料：废旧衣服、色卡纸、彩带。

# 第三节　废旧材料在幼儿园环境创设中的应用

## 一、废旧材料在幼儿园环境中的作用

　　幼儿园环境主要包括室内外墙壁环境、区角环境、走廊过道等公共区环境，这些环境的创设需要教师因地制宜地选取多种制作材料。其中，废旧材料的运用不仅可以帮助教师达到环境创设的良好艺术效果，还可以培养幼儿勤俭、爱劳动、珍惜资源的良好品德，充分发挥环境教育的积极作用。

## 二、废旧材料装饰物作品欣赏

　　废旧材料装饰物作品如图 5-44 所示。

① 废旧易拉罐挂饰

② 一次性纸杯挂饰

图5-44　作品展示

③ 废旧簸箕挂饰　　④ 纸板挂饰　　⑤ 废旧簸箕挂饰　　⑥ 废旧鸡蛋盒吊饰

⑦ 废旧丝带编织吊饰　　　　⑧ 废旧布艺吊饰

图5-44　作品展示（续）

## 三、废旧材料主题环境布置欣赏

以下为室外环境布置，如图 5-45 至图 5-50 所示。

### 1. 室外盆栽（材料为废旧瓶罐、轮胎）

①　　　　　　　　　　　　　②

图5-45　室外环境布置

③

④

⑤

图5-45　室外环境布置（续）

## 2. 室外挂饰（材料为废旧轮胎）

①

②

图5-46　室外挂饰

## 3. 区角布置

（1）别致一角

废旧材料：泡沫、塑料花、塑料玩具、色卡纸、中国结等。

①　　　　　②

③　　　　　④

图5-47　别致一角

（2）农家小舍

废旧材料：农具、木头、塑料藤条、瓦罐、玉米、线、纸张等。

①　　　　　②

③　　　　　④

图5-48　农家小舍

（3）娃娃餐厅

废旧材料：纸盒、彩纸、布料、铁丝、废旧纸板、色卡纸、瓦楞纸、柠檬片等。

① ② ③

图5-49　娃娃餐厅

## 4．墙面布置（废旧材料为色卡纸、泡沫板等）

图5-50　墙面布置

## 四、废旧材料环境创设技能实训

### （一）为幼儿园环境的布置创作废旧材料装饰物一个

提示

（1）制作一个装饰花瓶（见图5-51）。

（2）废旧材料：塑料瓶、玻璃瓶、橡皮泥等。

图5-51　装饰花瓶

## （二）利用废旧材料创设景观类区角布置

提示

（1）布置一个植物角（见图5-52）。

（2）废旧材料：一次性纸杯、长棉绳、彩纸、塑料瓜果等。

图5-52　植物角

## 实训参考

实训项目1：仿照幼儿园活动室的特点，综合利用多种废旧材料，以废旧材料为主将本班的教室环境重新进行布置

（1）实训目的

① 练习本单元所学废旧材料操作技巧。

② 练习环境设计，提高搜集材料、综合使用多种废旧材料的能力。

（2）实训方式

10人一组，分工负责环境中的不同板块。

（3）项目任务与要求

① 每组讨论合作分工，分别负责天花板、墙面、走廊等位置。

② 各组在充分研讨的基础上，统一风格，分头装饰。

③ 组内交流，相互学习与讨论相关技能技巧。

④ 环境介绍与分享。

（4）考评标准

由项目组考评与个人考评两项构成。

优秀、合格和不及格的具体分数及要求是通过师生讨论而得出的结果。

项目组考评项目包括团队合作、各司其职、环境效果。（考评表的格式参考"单元一"中的实训项目考评表，只需修改"项目组考评项目"内容即可）

实训项目 2：以废旧材料为主制作一个玩教具

（1）实训目的

① 提高搜集材料的能力以及创造性使用材料的能力。

② 尝试运用所学废旧材料操作技能设计并制作玩教具。

（2）实训方式

个人完成。

（3）项目任务与要求

① 广泛运用废旧材料。

② 符合卫生与安全性要求。

③ 材料利用合理并有创意。

（4）考评标准：个人考评。

优秀、合格和不及格的具体分数及要求是通过师生讨论而得出的结果。

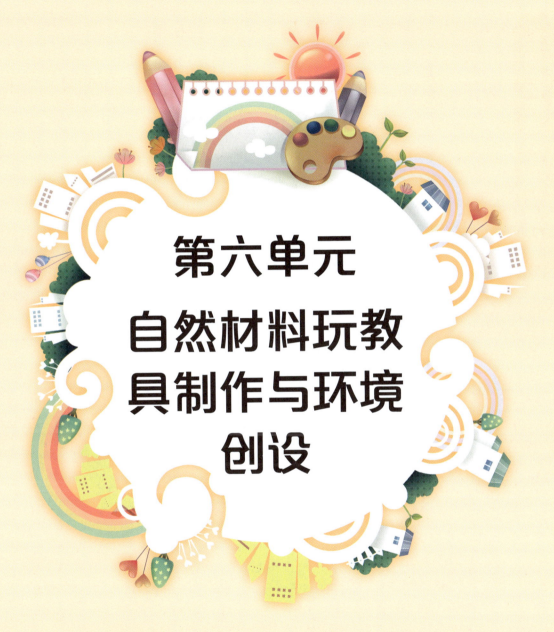

# 第六单元
# 自然材料玩教具制作与环境创设

【本单元学习要点】

1. 了解不同自然材料运用技法的特点及其在幼儿园中的应用。

2. 知道不同自然材料运用方式的技法要领。

3. 能够规范地运用不同自然材料进行制作。

4. 能运用自然材料进行玩教具制作与主题式环境创设。

# 第一节　自然材料玩教具制作概述

## 一、自然材料在幼儿园中应用的意义

自然材料指的是自然界中存在的各种天然的、未经加工的物质实体，如形态各异、色彩丰富的树叶、花瓣和造型奇特的石头等。艺术来源于生活，自然物中很多未经修饰的自然肌理、缤纷绚烂的色彩、独具特色的造型等，都能极大地激发艺术家的设计灵感。由于自然材料经济易得、随处可见，从"生活教育"的教育规律以及幼儿的生活学习特点出发，选择身边常见的自然材料，运用粘贴、编制等艺术手段进行加工，既能充分增加幼儿亲近大自然、认识大自然的机会，又能有效地激发幼儿自主探索，体验创作艺术的过程，初步发展幼儿的空间造型能力和审美想象力。

## 二、幼儿园中常见的自然材料及其应用

自然材料根据材料的形态，可以分为点状材料、线状材料、面状材料和块状材料四种形态；根据材料的性质，可以分为植物类材料、壳类材料、矿物质材料等。本书从材料性质的角度分别介绍用不同自然材料制作玩教具的特点和方法。自然材料造型奇特、极富生活情趣。一些自然材料不仅可以制作装饰品，还可以当作区域活动中的探索材料。按照自然材料的原始特征，可以投放在不同的区域或教育活动中，具有不同的教育价值。如植物类材料中的种子资源，可以分类摆放于探索区，为各类种子贴好名称标签，便于幼儿认识、探究种子的特征；种子资源还可以分类放于美工区，引导幼儿通过涂色、粘贴等活动创造出自然物的造型。

### （一）组织自然材料制作活动

自然材料由于其自然性和原始性，是幼儿非常喜欢的天然玩具，是幼儿学习与游戏中随手可得的教育资源。教师可以充分利用自然材料的原始特性，调动孩子们艺术创作的想象力，根据幼儿不同年龄的特点，组织幼儿利用自然材料进行一些艺术创作，如树叶拓印画、自然材料粘贴画等。

拓展延伸：自然材料制作经典教案赏析

活动方案

活动名称：树叶拓印画

适用班级：中班

**适用目标**

（1）通过观察，了解树叶的奇妙之处以及树叶的外形和叶脉的不同。

（2）了解拓印的方法，乐意与同伴探索交流。

**活动准备**

（1）各式各样的树叶若干。

（2）厚画纸与薄画纸各人手一份，蜡笔每桌两盒，胶水每桌2个。

（3）教学挂图：奇妙的树叶。

**活动过程**

（1）欣赏教学挂图中"奇妙的树叶"，感受树叶、叶脉的奇特之处。

教师："请小朋友欣赏一下这些漂亮的树叶，你们看到这些树叶，觉得像什么？你们猜它们能变出什么好玩的东西？"

（2）引导幼儿观察拓印画，讨论怎样进行拓印。

**注意**

① 先选好树叶，可以用一种或两种。

② 然后把树叶用胶水贴在厚纸上做底板固定住，把薄纸铺在上面固定好。

③ 再选择自己喜欢的颜色的蜡笔均匀地涂在薄纸上进行拓印。

（3）幼儿动手尝试拓印画。

教师："大家想用什么样的树叶拓印呢？想怎样拓印呢？"

① 幼儿分小组进行版画游戏。

② 在幼儿练习的过程中，教师提醒幼儿注意画面的整洁，手部变脏要及时擦干净，鼓励幼儿发挥独创性，设计出新颖的拓印画。

③ 把印好的画用蜡笔装饰成各种各样的树叶拓印画。

④ 互相交流拓印的过程并讨论，欣赏各自拓印的作品，分享和探索拓印画带来的快乐。

教师："请大家说说自己刚才是怎么拓印树叶的，拓印出来了吗？为什么？"

小结：引导幼儿探索后发现只有画面凹凸不平时才能拓印，拓印的时候要把上下两张纸固定好。

**延伸活动**

教师在下节课也可以提供不同的拓印工具（颜料、油画棒、铅笔、水笔等）和不同纸质的纸张，引导幼儿探索什么材料拓印得清楚。也可以选择树皮、轮胎、布条、不同粗糙程度的墙面等其他一些有纹路、便于拓印的东西。由拓印引发幼儿对不同物质的表面肌理的关注和兴趣。

### （二）自然材料玩教具制作

利用自然材料进行玩教具的制作，一般可以概括为以下几种形式。

#### 1. 益智区玩教具

（1）数学区玩教具。利用木棒、豆类等作为材料，帮助年龄较小的孩子比大小、比多少、比长短、分类排序等；年龄较大的幼儿可以用这些材料学习数的组成和加减法。

（2）科学区玩教具。根据季节，将一些植物或者植物的种子放于科学区，制作成标本，供幼儿探索。还可以组织幼儿进行科学探究，如种子发芽了（见图6-1）、茎变色了等。

（3）操作类玩教具。用石头、豆类等制作棋类玩具，供幼儿进行棋类游戏；或将不同大小和颜色的豆类放在一起，让幼儿用筷子夹豆子进行分类（见图6-2）。

图6-1　科学区：种子发芽了

图6-2　益智区：夹豆子分类

#### 2. 表演区玩教具

利用自然材料的特性，制作一些头饰、面具或衣物放在表演区，供幼儿进行角色表演，如树叶面具等。还可以利用自然物，如竹片、核桃、贝壳等制作一些简易乐器，如用核桃壳制作的圆舞板、用种子制作的沙瓶、用竹片制作的快板等，如图6-3和图6-4所示。

图6-3　树叶面具

图6-4　自制乐器：沙瓶

#### 3. 体育类玩教具

用柳条、稻草做飞环，用豆类或种子做沙包、沙袋，供幼儿进行各种体育活动。用高低不同、粗细均匀的木头做梅花桩（见图6-5），锻炼幼儿的平衡能力。

图6-5　木头梅花桩

### （三）环境创设

自然材料除了被用来制作区域活动玩教具外，还可以用于制作环境创设的墙饰、吊饰等，如树叶粘贴画组合（见图 6-6 和图 6-7）、豆类粘贴画组合等。

图6-6　树叶粘贴画　　　　　　　图6-7　稻草人墙饰

## 三、自然材料在幼儿园中应用的基本原则

鉴于自然材料的特殊性，在幼儿园的运用要遵循以下 4 个基本原则。

### （一）经济安全原则

大自然为孩子的游戏提供了丰富的自然材料，如泥、沙、石头、草、木、种子、贝壳等。这些看似不起眼而简单的东西却能给幼儿的游戏带来无限乐趣，并能为幼儿的进一步提高和发展提供有力的支撑。但是在搜集这些自然材料时，要充分考虑其经济性和安全性。材料搜集应该考虑区域和环境特点，采用容易获得、易于幼儿操作加工、经济适用的自然材料。另外，对于具有潜在危险性的材料，教师要初步加工后再进行投放，如对石头进行消毒处理、将螃蟹壳两头的尖角剪去等，以防幼儿安全受到影响。

### （二）环境保护原则

既然自然材料属于自然环境资源的一部分，那么教师在采用自然材料时应注意对自然环境的保护，具有环保意识。特别是植物类自然材料的搜集，要注意对植物资源的保护。另外，在制作过程中对于一些切割丢弃的自然材料，要及时清理，避免污染周围环境。

### （三）因地制宜原则

不同地域因为气候条件、地理位置等方面的差异，自然资源的提供也存在差异性。教师在选择材料时要因地制宜、就地取材，挖掘一切可以利用的自然资源为幼儿所用。自然材料随处可见，因此，幼儿园可以根据本园周围的环境取得相关的自然材料，充实到区域活动中。

### （四）随机收集原则

材料不是在需要的时候才临时收集的，教师要充分利用家园共育的多种途径，随机收集各种自然材料。幼儿园或班级可在平时设立一个"自然材料百宝箱"，教师和幼儿们一起对箱内的材料定期进行整理、归类、收藏，以便在需要时可以随时提供，同时也能为教师开展主题教学等活动提供极大的方便。

## 四、自然材料在幼儿园中应用的基本技法

自然材料无处不在，广大劳动人民和艺术工作者在生活实践中积累了丰富的加工制作经验，借助于一些工具和辅助材料，创造出了实用、精美的手工艺术品。下面结合幼儿园教学实践的需要，介绍几种常见的、简单可操作的技法[1]。

### （一）粘贴

粘贴是自然材料玩教具制作中最常用的一种造型方法。粘贴法是指将造型所需的自然物拼摆组合，或者初步加工后用胶水等黏性材料将其贴在底板上，最终成型的一种方法。它既可以作为艺术领域的活动内容，也可以作为环境装饰的一部分。

粘贴用到的工具主要有剪刀、胶水、双面胶、白乳胶、夹子、固定针等。主要材料为可用于造型的各种点状、线状、面状的自然物。下面以树叶粘贴画为例，介绍粘贴的步骤。

步骤一：确定主题，设计图稿。

步骤二：按照主题内容准备材料，并对材料进行适当的修剪，如图6-8所示。

蔬菜粘贴画

---

[1] 自然材料制作的技法请参考沈建洲主编. 手工基础教程（第三版）. 复旦大学出版社，2013：P107-112.

步骤三：根据构思，摆放造型后进行粘贴。选用合适的材料制作鱼的身体，然后修剪出鱼的尾巴、眼睛，并以水草做装饰，如图6-9所示。摆放后将材料按照从上到下、从左到右的顺序进行粘贴，如图6-10所示。

步骤四：修正成型，把纸覆盖在画面上，用手压平，如图6-11所示。

粘贴要保持平整、美观，还要注意材料色彩的搭配。

图6-8　步骤二：修剪材料

图6-9　步骤三-1：摆放身体

图6-10　步骤三-2：粘贴身体

图6-11　步骤四：盖纸并压平

## （二）编织

编织指的是利用柔韧性较好的草本植物或植物的茎、叶、皮等为材料的加工编织艺术品。一般常用的工具有剪刀、美工刀、乳胶、胶带等。材料为各种柔韧性较好的草本植物或植物的茎、叶、皮等。其中根据需要的不同，不同材料的编织方法有所差异。稻草编织可用绳或胶带将稻草捆扎成簇进行造型（见图6-12）；玉米外包衣可采用编织小辫然后盘绕、固定成型的方式进行造型（见图6-13）；棕榈叶等宽叶条可采用打结编织的方式进行造型。

图6-12　扎簇

图6-13　编小辫

## （三）拼接

拼接是指利用自然物的形状、色彩、肌理进行拼摆并加以粘接的组合造型方法（见图6-14和图6-15）。一般常用的工具有剪刀、乳胶、胶带、双面胶、绳子等。主要材料是各种石头、贝壳、果蔬、枝条等。

图6-14　小兔子相框

图6-15　小鱼

## （四）联想

联想指由自然材料的原有造型联想或想象出另一形象，从而在该造型的基础上将其加工改造成新形象的方法。也称为"因材施艺""借形造像"。这种方法没有固定的程序或步骤，关键在于创造性的思维。应注意的是联想法的运用不能过度加工自然物，要充分运用原有材料的原始艺术特征并加以修饰，如图6-16和图6-17所示。

图6-16　小鱼

图6-17　猫头鹰

## 五）切割

切割是指利用自然材料的原有造型进行联想，再运用切割的方法改变原有造型，从而创造出新形象的方法。一般常用的工具有雕刻刀、镊子、牙签等。主要材料是各种蔬菜、水果、枝条等，如图 6-18 所示。

图6-18　鳄鱼

# 第二节　植物类材料玩教具制作与环境创设

## 一、树叶类材料玩教具制作

树叶是生活中最常见的自然素材，也是幼儿最易得到的天然玩具。它色彩丰富、造型各异，既可以做树叶粘贴画，又可以制作游戏中的面具、头饰、扇子等。一般都是运用粘贴的技法进行造型。

### （一）树叶贴画

树叶贴画是幼儿园经常进行的集体教学活动，有的也鼓励幼儿在美工区自主进行。树叶贴画的作品还可以进行组合，作为环境创设的一部分。一般树叶贴画主要运用粘贴的手法。步骤可参照自然材料粘贴的技能。树叶贴画除了运用各种形状、色彩的树叶外，还可以加入花瓣等其他自然材料（见图 6-19 至图 6-22）。

注意

（1）树叶摆放的方式有很多，如相接法、重叠法、相交法等。

（2）摆放树叶时除了考虑形状造型外，还要考虑色彩搭配。

（3）贴的时候要注意树叶的平整性，并可以根据需要增加花瓣等加以装饰，并适当修剪。

图6-19　早操

图6-20　舞者

图6-21　摘果子

图6-22　孔雀

## （二）树叶头饰

树叶头饰是在表演区放置的玩教具，一般也是运用粘贴的制作方法。不同于树叶粘贴画的是，设计好的树叶造型需要粘贴在一条与幼儿头围长度一致的纸条上，要注意色彩的搭配。下面介绍树叶头饰的制作步骤。

步骤一：在一张薄纸板上将树叶设计成一个王冠形状，如图6-23所示。

步骤二：用笔轻轻地沿着树叶画出它的轮廓，如图6-24所示。

步骤三：沿着铅笔画出的痕迹，将形状剪下来，如图6-25所示。

步骤四：用胶水将树叶粘贴在纸板上，再剪下一条约2.5cm宽的薄纸板做成头带，如图6-26所示。

步骤五：修整成型，如图6-27所示。

图6-23 摆造型　　　　　　　　　　图6-24 画出轮廓线

图6-25 剪出王冠形状的底纸　　　图6-26 贴树叶，剪头带纸条　　　图6-27 修整成型

提示

可以根据这个步骤设计树叶帽子、树叶面具等。

## 小知识——树叶的采集与保存

（1）树叶的采集要先考虑其形状的变化。如菱形的枫树叶、圆形的桦树叶、掌形的楸树叶及椭圆形的胡枝子叶等都应采集，以保证图案结构的多样化。

（2）树叶的采集还要考虑颜色的多样性。

（3）树叶的采集要系列化，即每一种形状、颜色的树叶都能形成从小到大逐个渐进的序列。这样能保证制作时有充分选择的余地。同时也要收集一些花叶、花籽与梗等。

（4）采集树叶的同时要携带一定数量的吸水纸或废报纸，如果有纸张粗糙的旧书或杂志也可以。边采集边将树叶展平后摆放到吸水纸中。带回来以后用重物压紧，并且每天翻动两次，持续此动作大约一周，待树叶干透以后，分类夹放好就可以用了。

## 二、蔬果类材料玩教具制作

蔬菜、水果品种繁多，形态各异，色彩丰富，能引起我们丰富的联想和想象，适合作为幼儿园玩教具制作的材料。

## （一）蔬果造型

### 1. 工具和材料

雕刻刀、剪刀、镊子、牙签等；各种水果、蔬菜等均可选用。

### 2. 基本步骤

步骤一：将所选用的瓜果蔬菜洗净备用，注意尽量不要破坏蔬果原有的外形。

步骤二：根据构思选择相应的材料。

步骤三：可运用切割法或拼接法将材料进行初步加工，然后组合、固定。

步骤四：装饰修正，进一步完善细节。

### 3. 造型举例：萝卜汽车

（1）工具与材料

萝卜、圣女果、荸荠；牙签、美工刀、油性笔。

（2）操作步骤

步骤一：根据构思，准备好所需的工具材料，如图 6-28 所示。

步骤二：做车身。取萝卜，用油性笔在上面画出四个方形，并用美工刀切割作为车窗，如图 6-29 所示。

步骤三：做车轮。把四个荸荠用牙签连接，作为车轮，如图 6-30 所示。

步骤四：做乘客。用油性笔在圣女果上画出表情，并用牙签将其与车窗插接，如图 6-31 所示。

步骤五：连接形象的各个部位，修饰成型，然后将车身与车轮连接，如图 6-32 所示。

图6-28　准备材料

图6-29　挖刻车窗

图6-30　插接车轮

图6-31　插接乘客

图6-32　萝卜汽车

### 4. 作品欣赏与临摹（见图6-33）

① 橘子茶具

② 油菜鱼

③ 香菇乌龟

④ 蒜苗音乐人

⑤ 红薯鼠

⑥ 火龙果鱼

⑦ 苹果猪

⑧ 萝卜人

图6-33　作品范例

### （二）蔬菜印章

　　将一些果质较硬的蔬菜或水果（如萝卜、土豆）洗净切开后，选取平整的截面进行切割，做成印章，然后进行装饰性活动。

### 1. 造型举例：萝卜印章

制作步骤

步骤一：将胡萝卜洗净切开，注意截面要平整，如图6-34所示。

步骤二：在切开的截面上绘制印章图案，如图6-35所示。

胡萝卜印章

步骤三：用美工刀刻出所需要的图案，注意将图案外的部分切除，如图 6-36 所示。

步骤四：涂色。根据需要选用水粉颜料进行涂色，如图 6-37 所示。

步骤五：压印装饰，如图 6-38 所示。

图6-34　横切

图6-35　画样

图6-36　切割图案

图6-37　涂色

图6-38　压印装饰

### 2. 注意事项

（1）有些蔬菜不需要进行切割，可直接选用其自然切割面的纹理，如藕片、辣椒、青菜根等。

（2）切割的方法有阳刻和阴刻两种，可根据需要进行选择。

## 三、种子类材料玩教具制作

种子类包括各种豆类、谷类等自然材料。种子类材料与人们的生活密切相关，各种不同色泽、不同形状的种子类材料可以通过粘贴、插接等方式制作玩教具，或者进行幼儿园环境的创设。另外，很多种子类自然材料可以作为科学区、自然角幼儿观察探究的材料。

### （一）谷类粘贴画

所用材料为豆类、谷类、种子等点状材料，粘贴的工具为白乳胶、卡纸、牙签等。谷类粘贴画既可以作为集体教学活动进行尝试，也可以作为幼儿园墙面的装饰。操作步骤与树叶粘贴画类似，因此不再赘述。范例如图 6-39 至图 6-41 所示。

干果、干树枝粘贴画

图6-39 米老鼠

图6-40 加菲猫

图6-41 风景画

## （二）豆类玩具

除了粘贴，豆类还可以采用插接组合成型的方法，但是所需的豆类一般是已经浸泡发涨的豆子。

工具材料：各类豆子、牙签或竹丝，如图 6-42 所示。注意豆子要浸泡发胀。

图6-42 黄豆和牙签

### 1. 范例制作——豆子玩偶

操作步骤

步骤一：插接。将黄豆作为娃娃的头部，用牙签插接黄豆做娃娃的身体，如图 6-43 所示。

步骤二：装饰头部。用油性笔在黄豆上画出娃娃的表情，如图 6-44 所示。

步骤三：添加衣服。给娃娃剪出衣服，并进行装饰，如图 6-45 所示。

图6-43 插接

图6-44 装饰头部

图6-45　添加衣服

### 2. 范例制作——豆子蜻蜓

操作步骤

步骤一：插接蜻蜓的身体，如图6-46所示。

步骤二：根据构思，剪出蜻蜓的眼睛、翅膀，如图6-47所示。

步骤三：粘贴。将翅膀、眼睛与蜻蜓的身体粘贴在一起。

步骤四：装饰。可以加入稻草或树叶进行装饰，如图6-48所示。

图6-46　插接身体

图6-47　剪纸

图6-48　粘贴、装饰

### 3. 其他豆类玩具（见图6-49和图6-50）

图6-49　毛毛虫

图6-50　小鹿

## 四、草编类玩教具制作及环境创设

　　草编类玩教具的制作，一般采用草编的传统工艺，种类繁多，形成了不同地区的不同特色。草编材料主要有谷草、青草、玉米外包衣、蒲草等。一般采用编织的技法，但根据材料和造型的不同，编织的方法略有差异。

## （一）草编类玩教具制作

### 1. 稻草人

工具材料

稻草（或蒲草）、废旧塑料纸、胶带（或细绳）、剪刀等。

制作步骤

步骤一：准备材料。用水把干蒲草浸湿，使草的韧性增强。

步骤二：捆扎。根据造型的需要，用绳子或胶带把草扎成一簇，将稻草人的手臂与身体交叉捆绑，如图 6-51 所示。

步骤三：分解。将稻草人的身体的下端分出腿部，可弯曲四肢，做出的造型如图 6-52 所示。

步骤四：装饰。为稻草人制作衣服，并粘贴五官，如图 6-53 所示。

图6-51　捆扎　　　　　　图6-52　分解　　　　　　图6-53　装饰

### 2. 玉米皮制作——螃蟹

制作步骤

步骤一：将玉米皮撕成长条，并编成长约 1 米的小辫。

步骤二：制作螃蟹壳。将小辫盘成圆形，同时用针线固定缝牢。

步骤三：将螃蟹的四肢、夹子、眼睛分别组合固定。如图 6-54 所示。

图6-54　螃蟹

## （二）草编类玩教具范例欣赏（见图6-55）

① 蜗牛一家

② 小马奔腾

③ 龟兔赛跑

④ 小马过河

⑤ 小猫钓鱼

⑥ 小猴子

图6-55 草编作品①

## （三）草编类玩教具在环境创设中的运用

草编类的帽子、花球等经常用在环境创设中，与植物角、绘画展示区结合，效果突出。如图 6-56 至图 6-58 所示。

图6-56 种植区

图6-57 吊饰

图6-58 绘画展示区

## 五、植物类材料玩教具制作与环境创设技能实训

### （一）尝试利用幼儿创作的树叶粘贴画进行环境主题的创设

提示

（1）充分利用幼儿制作的作品。

———————————

① 图 6-55 所示草编类作品均为山东省利津县陈庄镇付窝幼儿园教师的作品。

（2）注意墙饰背景色彩的搭配。

（二）思考运用草编的方法，自选材料制作"娃娃家"的玩教具，如鞋子、帽子、篮子等

提示

（1）可运用玉米皮编织缝补的方法。

（2）可以尝试其他编织的方法。

（三）思考：利用玉米芯、高粱秆可以进行哪些玩教具的制作？

提示

（1）制作方法可以参考豆类玩教具的制作。

（2）可以查询相关秸秆类玩教具制作的资料。

# 第三节　壳类材料玩教具制作与环境创设

## 一、蛋壳类玩教具制作

蛋壳外形圆滑，质地坚硬，防水防潮，容易激发幼儿的想象，可以制作出很多玩偶。

### （一）蛋壳粘贴画

制作材料

蛋壳、毛笔、胶水、镊子、彩色水笔、卡纸等。

制作方法

蛋壳贴画的技法与树叶粘贴画类似，因此这里不再赘述。将蛋壳粘贴后，可以根据需要进行涂色。蛋壳粘贴画可以作为美工区幼儿进行操作的材料，也可以作为环境创设的一部分。

范例如图 6-59 至图 6-63 所示。

图6-59 小猪

图6-60 梅花鹿

图6-61 花环

图6-62 海底世界

图6-63 小房子

## （二）蛋壳偶

蛋壳偶可以作为幼儿园语言活动的玩教具，也可以作为美工活动的内容。蛋壳偶形象生动可爱，深受幼儿的喜爱。下面介绍两种蛋壳偶的制作方法。

### 1. 制作小鸭子

工具与材料

蛋壳、卡纸、水粉、排笔、毛笔、剪刀。

制作方法

步骤一：准备材料。用针管把鸡蛋里的蛋清、蛋黄抽出来，将蛋壳洗净晾干。

步骤二：制作主体。取半个蛋壳做小鸭子的身体，并涂色装饰。如图6-64、图6-65所示。

步骤三：制作其他部位。取卡纸剪出正反两个鸭子的头和脖子，相对粘贴；剪出两个翅膀并装饰。如图6-66、图6-67所示。

步骤四：粘接成型。将鸭子的身体与翅膀粘接。如图6-68、图6-69所示。

图6-64　鸭子的身体

图6-65　涂色

图6-66　鸭子的翅膀

图6-67　装饰

图6-68　插接

图6-69　粘接和修正

提示

（1）给蛋壳涂色时要均匀，可以等颜料晾干后再涂一遍。

（2）可以思考运用一个完整的蛋壳，进行蛋壳小动物的制作。步骤与上面类似。

### 2．制作不倒翁

步骤一：用针管把鸡蛋里的蛋清、蛋黄抽出，将蛋壳洗净晾干。

步骤二：在鸡蛋壳中倒入沙粒，使之能够竖立。注意控制所填沙子的数量，以蛋壳左右晃动而不倒为准。如图 6-70 所示。

步骤三：做小帽子，用其遮盖洞口。如图 6-71 所示。

步骤四：装饰成小动物或其他形象。如图 6-72 所示。

图6-70　填沙

图6-71　做帽子

图6-72　组合并装饰

### （三）范例欣赏

　　用蛋壳不仅可以进行玩偶的制作，还可以运用绘画等方式进行装饰，作为环境创设的一部分（见图6-73）。

蛋壳娃娃

① 蛋壳吊饰

② 蛋壳卡通

③ 蛋壳卡通

④ 蛋壳卡通

图6-73　作品欣赏

⑤ 蛋壳卡通

⑥ 蛋壳卡通

图6-73　作品欣赏（续）

## 二、干果皮类玩教具制作

### （一）瓜子壳粘贴画

工具与材料

葵花子壳、西瓜子壳、花生壳、毛笔、胶水、镊子、彩色水笔、卡纸等。

制作方法

壳类贴画的技法与树叶粘贴画类似，因此这里不再赘述。粘贴时要注意瓜子壳的排列方向。如图6-74、图6-75所示。

图6-74　鲤鱼

图6-75　猫头鹰

### （二）核桃壳玩教具制作

#### 1. 自制乐器——圆舞板

工具与材料

核桃壳、乳胶、卡纸、剪刀等。

制作步骤

步骤一：将核桃打碎，注意保持核桃壳的相对完整性，如图6-76所示。

步骤二：制作圆舞板的底纸。将卡纸剪成圆舞板的形状，注意两边要对称，如图 6-77 所示。

步骤三：将核桃壳粘贴在纸板上，注意上下位置要对称，如图 6-78 和图 6-79 所示。

步骤四：将卡纸折叠，圆舞板完成。注意等核桃壳晾干后再操作，如图 6-80 所示。

提示

（1）可以思考运用贝壳或者其他材料制作圆舞板。

（2）思考：运用竹片、贝壳、瓶罐等还可以制作其他哪些乐器？

图6-76　准备核桃壳

图6-77　剪出卡纸作为底纸

图6-78　粘贴1

图6-79　粘贴2

图6-80　折叠成型

### 2. 核桃玩偶——小狮子

工具与材料

核桃壳、乳胶、卡纸、橡皮泥、剪刀等。

制作步骤

步骤一：准备半个核桃壳，注意保持边缘的完整性，如图 6-81 所示。

步骤二：用卡纸剪出狮子的头发和耳朵，如图 6-82 所示。

步骤三：将耳朵粘贴在头发上，然后将狮子的头发套在核桃壳上，如图 6-83 所示。

步骤四：用橡皮泥贴出狮子的五官，注意色彩的搭配，如图 6-84 所示。

图6-81　选择核桃壳

图6-82　剪出狮子的头发和耳朵

图6-83　将卡纸与核桃壳连接

图6-84　贴出狮子的五官

提示

可以根据步骤图，思考其他小动物的制作，如图 6-85 所示。

图6-85　各种小动物

## 三、壳类材料玩教具制作与环境创设技能实训

**（一）根据某一主题，制作一套蛋壳偶供幼儿进行表演，如《三只小猪》《西游记》等**

提示

（1）注意蛋壳偶的装饰性。

（2）注意蛋壳偶的牢固性。

（3）可运用卡纸、橡皮泥等其他材料作为装饰性材料。

案例：王子与公主（见图 6-86）

图6-86　"王子与公主"主题

**（二）自选某一主题，运用粘贴画设计一个墙饰**

提示

（1）可运用幼儿制作的粘贴画。

（2）思考主题的可操作性。

（3）可综合运用各种适宜粘贴的自然材料。

案例：种子类粘贴墙饰（见图6-87）

图6-87　种子类粘贴墙饰

**（三）结合核桃壳圆舞板的制作方法，尝试运用贝壳自制乐器**

# 第四节　石子类材料玩教具制作与环境创设

石子从来都是幼儿的天然玩具，幼儿可以利用石子数数、做棋子、玩投掷；幼儿可以根据石头的外形特征比大小、排顺序；幼儿还能根据石头千奇百怪的造型，幻想成游戏中的各种角色。石头由于简便易取，因此经常被用作幼儿园玩教具制作和环境创设的材料。

## 一、石子类材料的特点和基本造型

根据石子形状的不同，我们可以将其大致分为规则几何形（圆形、三角形、扇形等）石子和非规则几何形石子，如图6-88、图6-89所示。根据石子的造型曲线，幼儿可以有不同的联想，制作出不同的作品。石子属于矿物质，具有质地坚硬、易于保存和形态各异、易于装饰的特点，教师可充分运用石头的特点引导幼儿进行玩教具的制作。

### 1. 质地坚硬，易于保存

与树叶、瓜果蔬菜等自然材料相比，石头质地坚硬，相对安全，不易破损，易于保存，而且保存上不受时间的限制。生活中石子随处可见，易取易得。在经过洗净消毒后，可以提供给幼儿进行手工制作。石子玩教具成品保存方便，可以作为环境创设的一部分。

图6-88　相对规则的石子

图6-89　非规则的石子

### 2. 形状各异，易于装饰

由于自然力的各种作用，形成了形态各异、色彩丰富的各类石子。由于石子表面相对光滑，教师可以引导幼儿充分利用石头的原始特征，对其进行涂色、联结等造型活动，从而形成丰富多彩、具有独特魅力的石头作品。

## 二、石子类材料操作的技法要领与注意事项

石子类材料操作所运用的工具主要有水粉、调色盘、排笔、毛笔、抹布等。

材料

已经洗净、消毒、晾干的各类石子以及其他装饰性材料等。

操作方法

主要是运用绘画、粘贴和联想的手法，对各种石子进行装饰、拼接，从而形成各种形态各异的作品。在操作中，除了水粉颜料，还可以借助于橡皮泥、毛线等其他装饰性材料，如图 6-90 所示。

注意事项

（1）在进行操作前要将石头洗净晾干。为保证安全，要进行消毒处理。

（2）石头的形态因为摆放位置的不同而有所差异，在进行操作前应该多方位进行摆放，进行联想、装饰，以寻求最佳效果。

图6-90　幼儿在制作"石子娃娃"

## 三、石子类材料制作范例讲解与临摹

### （一）石头娃娃

工具与材料

各种石头、橡皮泥等。

操作步骤

步骤一：准备好所需的各种材料，如图6-91所示。

步骤二：摆造型。拼摆所选的石头，进行多角度的尝试，寻找最佳的脸型塑造效果。（图略）

步骤三：贴五官。利用抟、捏等方式，将橡皮泥做成石头的五官，并注意色彩搭配，如图6-92所示。

步骤四：装饰。对五官进行细致的装饰，并为其装饰头发（头发也可以采用彩色毛线），如图6-93所示。

图6-91　准备材料　　　　图6-92　贴五官　　　　图6-93　装饰

### （二）热带鱼

工具与材料

各种石头、水粉颜料、乳胶、排笔等。

操作步骤

步骤一：准备好所需的材料。（图略）

步骤二：摆造型。拼摆所选的石头，进行多角度的尝试，选择石头最佳的摆放效果。如图6-94所示。

步骤三：涂底色。根据造型的需要，分别将鱼身和鱼尾涂成黄色和橙色，如图6-95所示。

步骤四：装饰后组合粘贴。对鱼头、鱼身、鱼尾进行花纹的装饰，然后将两块石头粘贴。如图6-96所示（若要让石子的色泽更加明亮，最后可以涂一层透明色指甲油）。

图6-94　摆造型　　　　图6-95　涂底色　　　　图6-96　装饰并粘贴

## 四、作品展示与临摹

作品欣赏如图 6-97 所示。

①石头娃娃　　　　②石头娃娃　　　　③石头娃娃

④石头画　　　　　　⑤石头娃娃

⑥蜻蜓　　　　⑦石头画与石头的组合

图6-97　作品欣赏

⑧ 葡萄

⑨ 恐龙

⑩ 孔雀

图6-97　作品欣赏（续）

## 五、石子类材料玩教具制作与环境创设技能实训

### （一）选择某一主题，制作石子粘贴画的墙饰

提示

（1）构思主题，可充分利用幼儿的石子画作品。

（2）对墙饰的背景要进行装饰。

（3）注意各个部分色彩的搭配组合。

案例: 放烟花（见图6-98）

图6-98　放烟花

## （二）利用石子画进行室外环境创设

提示

（1）充分利用幼儿创作的石子画进行环境的布置。

（2）可与其他操作材料进行组合摆放。

案例：大三班的花园（见图6-99）

图6-99　大三班的花园

## 实训参考

实训项目1：以自然材料为主制作一个玩教具

（1）实训目的

① 提高搜集自然材料的能力以及创造性使用自然材料的能力。

② 尝试运用所学的自然材料操作的技能设计并制作玩教具。

（2）实训方式

个人完成。

（3）项目任务与要求

① 广泛运用自然材料。

② 符合卫生与安全性要求。

③ 材料利用合理并有创意。

实训项目2：以自然材料操作为核心内容，设计并实施一次幼儿创意美术活动

（1）实训目的

① 进一步了解不同自然材料在美术活动中创造性运用的方法。

② 体验自然材料运用于美术活动中的独特艺术魅力，以及自然材料操作活动对于幼儿发展的重要价值。

（2）实训方式

8人一组，分工负责（活动设计、教具准备、活动实施与展示等）。

（3）项目任务与要求

① 符合幼儿的年龄特点。

② 注重幼儿良好行为习惯的养成。

③ 保证幼儿操作中的安全性。

④ 充分发挥自然材料操作的趣味性。

（4）考评标准

由项目组考评与个人考评两项构成。

优秀、合格和不及格的具体分数及要求是通过师生讨论而得出的结果。

项目组考评项目包括团队合作、各司其职、活动设计与实施。（考评表的格式参考"单元一"中的实训项目考评表，只需修改"项目组考评项目"内容即可）